Cornelia Nitsch

TROTZPHASE?
NERVEN BEHALTEN!

Praktische Tips für den Umgang
mit kleinen Dickköpfen

Mosaik Verlag

Cornelia Nitsch ist Mutter von vier Kindern und Autorin zahlreicher Erziehungsratgeber. Im Mosaik Verlag sind von ihr u. a. erschienen: »Beide Hände reich ich Dir … Die schönsten Familienrituale«, »Schule ohne Bauchweh« und »Das ›andere‹ Babybuch«.

Bildnachweis:
Petit Format/Brousse: 35; –/Hampton: 70, 73; –/Hart: 41; –/Jorgensen: 54; –/Lousada: 61; –/Rambbout: 87
N. Schäfer: 9, 18, 25, 30, 43, 75, 77, 81
T. Stone/Brown: 17; –/Codrington: 57; –/Darell: 29; –/Krist: 66/67; –/Smith: 84/85; –/Woodcock: 65
Transglobe/Allgöwer: 51; –/Clement: 93
H. Velten: 6/7, 13, 22, 36/37, 45, 49, 59, 90

Der Mosaik Verlag ist ein Unternehmen der Verlagsgruppe Bertelsmann

© 1998 Mosaik Verlag GmbH, München / 5 4 3 2 1
Redaktion: Monika König / Henriette Zeltner
Bildredaktion: Elisabeth Franz
Umschlaggestaltung: Design Team München
Umschlagfoto: Norbert Schäfer Archiv
Layoutentwurf: Büro für Gestaltung, Dietmar Meyer, Friedhelm Ott, Hamburg
Layoutdurchführung: Buchmacher Bär, Freising
Druck und Bindung: Sebald Sachsendruck, Plauen
Printed in Germany
ISBN 3-576-11097-6

Inhalt

1. Trotz aus heiterem Himmel

Sonnige, ausgeglichene Kleinkinder verwandeln sich oft mit dem zweiten oder dritten Geburtstag in aufmüpfige Wüteriche, die schon bei kleinsten Kleinigkeiten in Rage geraten und mit ohrenbetäubendem Gebrüll protestieren, weil sie Selbstverständlichkeiten nicht mehr als solche hinnehmen mögen

Wenn aus Strahlemäusen Brüllkinder werden

Alles eitel Sonnenschein in den ersten zwei Jahren, die Kinder sind munter und fröhlich – ein Vergnügen, sie um sich zu haben. Und dann, meistens aus heiterem Himmel und ohne große Vorankündigung, sind die friedlichen Zeiten um den zweiten Geburtstag plötzlich dahin. Auf einmal zeigen die sonst so anschmiegsamen kleinen Häschen, daß sie Ecken und Kanten, daß sie ihre eigenen Vorstellungen haben und diese Vorstellungen sind häufig ganz andere als die der Großen.

Trotz bedeutet:
Das Kind beherrscht seine Gefühle nicht, sondern die Gefühle haben das Kind im Griff

Wenn kleine Menschen aufmucken, wenn sie außer sich geraten, sind sie ihrem Zorn, ihrer Wut und Angst – einem Wust starker, ganz unterschiedlicher Gefühle ganz und gar ausgeliefert. Die Verzweiflung steigt in dem Trotzkind hoch, kommt tief aus dem Bauch, überfällt es aus dem Nichts und hat es dann fest im Griff. Der Wüterich brüllt »nein« und wieder »nein«, strampelt wie wild, schmeißt sich auf den Boden – je nachdem. Wer trotzt, gerät oft völlig außer sich, sieht nur noch ROT, gerät in schiere Verzweiflung.

Ein Kind kann seinen Trotz nicht mit dem Kopf steuern, dosieren oder einfach abstellen, denn es setzt seinen Zorn nicht als »gezieltes« Druckmittel ein. Die unbändige Wut ist also weder Sturheit, noch gezielte Dickköpfigkeit – jedenfalls in der Anfangsphase des Trotzalters nicht und unterscheidet sich damit von den üblichen Alltagsquerelen.

Bei einem Wutanfall schüttet das Trotzkind eine beeindruckende Menge des Streßhormons Adrenalin aus. Wie sich die Wut äußert, in-

ERWACHSENE REAGIEREN HILFLOS BIS ZORNIG AUF DAS TROTZEN:

- Was tun mit einem Bündel Wut, das zornbebend »Will nich« brüllt? Wohin mit zehn Kilo Kraft und Energie, mit einem Kind, das die Luft anhält vor lauter Verzweiflung?
- Was setzt ein Kleinkind so unter Druck, daß es mit knallrotem Kopf brüllend vor seinen Eltern steht, sich bisweilen nicht in die Arme nehmen, nicht trösten lassen will?

tensiv bis zum Luftanhalten oder auch milder, ist letztlich Temperamentssache. Es gibt da ganz unterschiedliche Varianten.

Normalerweise dauert ein Wutanfall nur ein paar Minuten. Er kann sich aber auch über eine Stunde erstrecken. Hinterher ist der Wüterich matt und müde, denn Wut strengt an. Jungen trotzen übrigens intensiver und häufiger als Mädchen, oft mehrmals am Tag. Der Höhepunkt der Trotzphase liegt um den zweiten Geburtstag.

Nein bleibt Nein

Michael mag nicht baden. »Nur noch schnell in die Wanne und dann ab in die Kiste!« Was für seine Mutter eine alltägliche Angelegenheit ist, scheint für den dreijährigen Michael auf einmal ein unerhörtes Ansinnen zu sein. Wütend läßt er seine Mutter klar und deutlich mit einem lauten, heftigen »Nein!« abblitzen und setzt nach: »Will nicht!« Seine Mutter redet mit Engelszungen auf ihn ein:

»Du bist von Kopf bis Fuß staubig und klebrig! Komm schon, ab in die Wanne!« All ihrem Bemühen zum Trotz läßt sich Michael kein »Ja« abringen.

Michaels Mutter kann sich dieses sture Verweigern nicht erklären. So etwas hat's noch nie gegeben. Bisher ist sie mit geduldigen Erklärungen und Apellen an seine Einsicht immer weitergekommen. Warum dieses lautstarke Nein, dieser flammende Zorn?

Wutgeschrei und Rumpelstilzchentanz

Marie will nicht helfen. Die vierjährige Marie schlendert durch die Küche und bleibt am Tisch stehen. Ihr Vater bittet sie, ihm einen Topflappen zu reichen. »Damit ich die Kartoffeln abgießen kann!«

Manches Kind
verändert sich mit dem zweiten Geburtstag plötzlich: Aus dem zarten heiteren Wesen wird ein bockiger Dickschädel, der scheinbar mit Lust Streit sucht

Wut und Trotz kann sich auf recht unterschiedliche Weise zeigen. Manche Kinder schreien ihre Wut heraus. Andere verstummen und schmeißen sich einfach auf den Boden. Oder sie wirbeln wutschnaubend mit hochroten Ohren durchs Zimmer

Marie rührt sich nicht von der Stelle. Als ihr Vater daraufhin ungeduldig ruft: »Gib mir den Topflappen, BITTE!« rastet Marie aus, schreit ihren Vater an, tritt mit einem Fuß kräftig gegen die Tischbeine, hüpft wutschnaubend wie Rumpelstilzchen durch die Küche.

Marie läßt sich weder trösten noch ablenken von ihrer Wut. Aufgelöst in Tränen kauert sie schließlich unter dem Tisch, weint und weint ohne Ende und blockt jedes Gespräch mit ihrem Vater ab.

»Ist doch normal, daß ich sie bitte, mir zu helfen. Wieso bloß gerät Marie derart außer sich vor Wut, warum in so abgrundtiefe Verzweiflung?«, fragt sich ihr Vater. Und warum gerade jetzt, gerade heute? »War doch bisher ein ruhiger, friedlicher Tag. Ein Tag ohne Streß, ohne schlechte Laune oder Ärger.«

Blind vor Zorn und aggressiv

Suse will sich nicht stören lassen. »Der Milchreis steht auf dem Tisch. Komm schnell zum Essen, noch ist er warm!« Die vierjährige Suse hat keine Lust, dem Ruf zu folgen und im Kinderzimmer ihr Spielzeug auf der Stelle stehen und liegen zu lassen – gerade jetzt, mitten im allerschönsten Spiel. Sie überhört das Rufen einmal, zweimal, dreimal. Schließlich reißt Suses Mutter der Geduldsfaden, sie stürmt ins Kinderzimmer, schnappt sich ihre protestierende Tochter und schleppt sie einfach ruckzuck in die Küche. Das hätte sie besser nicht tun sollen, denn kaum hat Suse wieder festen Boden unter den Füßen, führt sie einen Affentanz auf, brüllt, heult und fegt schließlich schwungvoll den Teller samt Milchreis vom Tisch.

Ein trotziges Kind nervt seine Eltern nicht nur, sondern bereitet ihnen Sorge: Ist soviel Wut eigentlich »normal« oder sind die Wutanfälle eine Verhaltensstörung? Wo ist die Grenze?

Als ihre Mutter sie beruhigen, sie in die Arme nehmen will, wehrt sich das Mädchen mit Händen und Füßen. »Was ist bloß in das Kind gefahren, warum macht es plötzlich so ein Drama aus einer Kleinigkeit?«

Halb ohnmächtig vor Wut

Niko will nicht nachgeben. Bruder und Schwester spielen im Sandkasten. Der zweijährige Niko nimmt seiner Schwester die Schaufel weg. Als das Mädchen vor Empörung brüllt und seine Mutter ihn zurechtweist, pfeffert Niko erst seiner Schwester die Schaufel vor die Füße und schmeißt sich anschließend in den Sand – halb ohnmächtig vor Wut.

Als seine Mutter tröstend auf ihn einspricht, wirft er sich herum und tritt wüst mit den Beinen um sich. Daß er sich hinschmeißt, mit

WÜTET IHR KIND DURCHS ZIMMER, will es mit dem Kopf partout durch die Wand, dann reagieren die meisten Eltern verunsichert, hilflos und fragen sich:

- Erstens: Wieso verliert unser Kind bei scheinbar nichtigem Anlaß plötzlich jede Beherrschung und läßt sich auf keinerlei vernünftige Erklärungen mehr ein?
- Zweitens: Wie sollen wir uns verhalten, wenn unser Kind trotzt und tobt?

rotem Gesicht die Luft anhält, ist eine neue Erfahrung für Nikos Mutter. »Ich war unendlich erleichtert, als er wieder atmete!«

Mit dem Kopf gegen das Bettgestell

Julia will sich durchsetzen. Die zweijährige Julia ist hundemüde. Auch wenn sie nach einem Vormittag auf dem Spielplatz die Augen kaum noch offen halten kann und vor lauter Erschöpfung quengelt – Julia mag nicht schlafen. Sie sitzt in ihrem Bett, brüllt: »Nein, nein, nein!« und schlägt mit dem Kopf an die Rückwand des Betts und zwar so fest, daß es ihr ordentlich weh tut.

Ihr Vater kann sie nicht davon abbringen, hebt das Mädchen schließlich aus dem Bett, nimmt es feste in die Arme und flüstert ihm Koseworte ins Ohr. Das nützt nur wenig. Julia macht sich Armen steif.

»Mein Kind ist mir plötzlich ein Rätsel!«

Erwachsene tun sich meist schwer, den flammenden Zorn und eisernen Trotz zu verstehen. Warum bloß legt sich dieser kleine Steppke auf einmal quer bei Kleinigkeiten, die bis jetzt reibungslos klappten? Wieso sieht er plötzlich rot bei banalen Themen wie »Hände waschen« oder »Strümpfe anziehen«? Wieso bekommen wir jetzt dauernd dieses empörte und lautstarke »Nein«zu hören?

Geraten kleine Kinder in Wut, werden sie oft aggressiv. Sie schlagen wild auf andere ein oder verletzen sich selbst und wissen in ihrer Erregung nicht mehr ein noch aus

Verunsichert fragen
sich viele Mütter und
Väter: Was steckt hin-
ter den Trotzgeschich-
ten? Sind wir die Verur-
sacher der Wut? Oder
kommen die Attacken
wirklich aus dem
Nichts?

Viele Erwachsenen können sich in eine verzweifelte Kinderseele nicht einfühlen. Was Kinder in diesem Alter auf die Palme bringt, ist auch die schiere Verzweiflung darüber, daß die Erwachsenen nicht erkennen, was in diesem Moment ungeheuer wichtig ist und was nicht. Natürlich nimmt ein kleiner Knirps da nur seine eigenen Vorstellungen als Maßstab (siehe Seite 20). Daß andere andere Erwartungen und Vorstellungen haben könnten, leuchtet ihm nicht ein.

Mit ihren gewaltigen Zornesausbrüchen zeigen Kinder ihren Eltern, daß es noch etwas anderes gibt als Beherrschung, Vernunft und Einsicht. Sie konfrontieren Erwachsene mit ihren Gefühlen – und das ist vielen unheimlich, denn damit können sie nicht umgehen. Wer mit einem Trotzkind im Clinch liegt, lernt bisweilen neue Seiten seines Wesens kennen: heillose Wut und tiefe Verzweiflung. Gar nicht so einfach, auch als Erwachsener damit fertig zu werden (siehe Seite 33).

Die Trotzphase – ganz normal oder vermeidbar?

Kaum kann es laufen,
löst sich das Baby
langsam aus der ganz
engen Abhängigkeit von
seinen Eltern – auf-
regende Zeiten für die
ganze Familie, denn
jetzt will das Kind
immer häufiger selbst
bestimmen, wo es
langgeht

Muß jedes Kind seine Trotzphase durchlaufen, ist das Verhalten angeboren oder ist diese Entwicklungsstufe gar nicht so zwangsläufig und notwendig? Läßt sie sich vielleicht sogar vermeiden, wenn Eltern entsprechend sensibel und geschickt mit ihrem Sprößling umgehen?

Was die sogenannte Trotzphase genau und letztlich zu bedeuten hat, das ist wissenschaftlich noch nicht von A bis Z erforscht. Einig sind die Experten allerdings darin, daß zwischen den Trotz- und Wut-

WENN SIE SELBST GUT ORGANISIERT SIND, Probleme vernünftig mit klarem Kopf angehen, mangelt es Erwachsenen manchmal an Verständnis für das ganz und gar unvernünftige Verhalten eines zwei-, dreijährigen Wüterichs. Sie können nicht nachvollziehen, warum er uneinsichtig ist und sich querlegt, und empfinden sein Verhalten als Affront. Kleine Kinder können ihre Wut aber noch nicht steuern.

Kinder streben von
Anfang an nach Selb-
ständigkeit. In der
Kleinkind-Zeit beginnen
sie langsam, sich vom
Schoß der Mutter zu
lösen

attacken eines Kindes und seinem Streben nach Autonomie ein Zu-
sammenhang besteht.

Zögerliche Schritte zu mehr Selbständigkeit

Eltern gelingt es eher, Wutanfälle gelassen hinzunehmen, wenn sie
wissen, daß sie sein müssen und daß die Trotzphase ein wichtiger
Meilenstein auf dem Weg zur Selbständigkeit ist.

In seinen ersten zwölf Lebensmonaten knüpft ein Baby eine enge
Beziehung zu seiner Familie. Die Eltern und weitere Bezugspersonen
sind als sicherer Hort in dieser ersten Zeit unentbehrlich, denn nur
bei seinen engsten Vertrauten fühlt es sich sicher. Fremde werden zwar
neugierig beäugt, später in der Fremdelphase jedoch zunehmend
skeptisch betrachtet.

Ist das Kind etwa ein halbes Jahr alt, beginnt es sich langsam, in
kleinen Schritten von seinen Eltern zu lösen.

- Es gewinnt zunehmend genauere Vorstellungen von sich selbst und
  lernt schließlich: Die Person da im Spiegel, das bin ich.
- Es kommt in Bewegung: Robbend, krabbelnd, dann laufend kann es
  sachte auf Abstand zu seinen Eltern gehen und sich mit der Zeit in
  unbekannte Gefilde vorwagen – in die Spielgruppe, in den Sandkasten, auf den Spielplatz, in den Kindergarten. Endlich kann es selbst
  bestimmen, wohin es gehen mag.

Weil ein Zwei-, Drei-
jähriges nach Auto-
nomie strebt, macht es
sich kühn daran, die
Welt zu erkunden. Der
Mut schlägt nicht sel-
ten in Angst um. Das
Kind fühlt sich über-
fordert: »Wieso bin ich
plötzlich allein? Wo ist
ein Halt zum Festklam-
mern?«

MIT GEMISCHTEN GEFÜHLEN – halb Mut, halb Angst –
wagt ein Kind die ersten Schritte zu mehr Selbständigkeit. Es
steht unter Hochspannung. Plötzlich, ganz ohne äußeren Anlaß,
explodiert die Stimmung. Wütend schlägt es um sich. Meistens
haben Eltern und Geschwister unter den Attacken zu leiden,
auch wenn sie aus ihrer Sicht rein gar nichts getan haben.
Zunächst bekommt die Familie ihr Fett ab. Zuerst wird nur zu
Hause getrotzt – auf sicherem Boden. Später, am Ende der Trotzphase, wenn ein Kind seinen Willen gezielter lenken kann, ändert sich das.

Erste eigene Schritte

Im Alter zwischen zwei und drei Jahren entdeckt ein Kind, daß es seinen eigenen Kopf hat und immer sicherer auf seinen Beinen steht. Alles scheint auf einmal machbar zu sein. Das Selbständig-Werden bringt aber logischerweise nicht nur Erfolgserlebnisse mit sich, sondern bedeutet eben auch Frust und Streß, weil das Lösen von den Eltern Ängste auslöst und damit Mut erfordert.

Wer einem Zwei- oder Dreijährigen in einer Streßsituation falsch kommt, muß auf einen heftigen Wutausbruch gefaßt sein. Die Trotzphase unterzieht Eltern also einer harten Geduldsprobe.

Vielleicht fällt es leichter, das Trotzalter durchzustehen und Ruhe zu bewahren, wenn sich Eltern immer wieder klarmachen, daß Kinder ihre Kräfte messen müssen und das »Trotzalter« eine unentbehrliche Entwicklungsphase auf dem Weg zur Selbständigkeit ist und damit keine »Störung«, sondern ein ganz normales Verhalten, das ein Kind in seiner Entwicklung weiterbringt.

KINDER STREBEN NACH AUTONOMIE – nicht nur ein befriedigender, sondern auch ein schmerzhafter Prozeß, der ihnen Entscheidungen abverlangt. Zwischen verschiedenen Möglichkeiten wählen zu müssen, fällt kleinen Kindern schwer. Die Folge: Oft fühlen sie sich überfordert, geraten unter Druck und explodieren, wenn sie den Frust nicht länger aushalten.

Selbständig werden – ein schmerzhafter Prozeß

Typisch für diesen ersten Ablöseprozeß von den Eltern: Das Kind gerät in verschiedene Konflikte, ist hin- und hergerissen zwischen unterschiedlichsten Gefühlen. Es lebt in ständiger Spannung von Erfolg und Mißerfolg, Sieg und Niederlage. Kein Wunder also, daß es Probleme hat, dabei sein inneres Gleichgewicht zu halten.

Mit Tobsuchtsaus-brüchen und Wutanfällen reagieren kleine Kinder auf den Ablöseprozeß von der Mutter. Es tut weh, auf die gewohnte Nähe zu verzichten und löst Angst aus

Erster Konflikt: In der Zwickmühle zwischen Mut und Angst

Hin- und hergerissen zwischen dem Wunsch nach mehr Selbständigkeit und der Furcht vor dem Alleinsein, gerät ein Kleinkind oft in Bedrängnis: Wie kann es die unterschiedlichen Wünsche in Einklang bringen?

Vom eigenen Mut überrumpelt. Evi, zwanzig Monate alt, wackelt über den Strand auf das Meer und die Wellen zu. Ihre Eltern hat sie weit hinter sich gelassen. Auf einmal bleibt sie wie angewurzelt stehen, schaut sich um, beginnt zu weinen und läßt sich auch Minuten später nicht mit hundert guten Worten überreden, auch nur einen Schritt zu tun. Gegen die Umarmung ihrer Mutter wehrt sie sich gleichzeitig mit aller Kraft.

Was ist der Grund für diesen plötzlichen Ausbruch von Wut und Verzweiflung?

- Einerseits ist ein Kleinkind neugierig auf die weite Welt da draußen. Wenn es seine ersten Schritte in die Selbständigkeit tut, nimmt es das ganze Drumherum genau wahr und alle neuen Reize interessiert in sich auf.
- Andererseits bekommt ein Zwei- oder Dreijähriges bei seinen Ausflügen in die Ferne (und sei es nur ins Zimmer nebenan) oft plötzlich Angst vor dem eigenen Wagemut – selbst wenn es noch so couragiert losmarschiert ist.

WER TROTZT, HAT HÄUFIG SCHLICHT ANGST. Egal ob ein kleiner Wicht laut »nein, nein!« brüllt, vor Wut strampelt oder sich die Haare rauft – jedes Symptom kann auf den gleichen Zwiespalt hinweisen:

- Zum einen will ich auf Mutters Schoß sitzen bleiben, mich sicher fühlen.
- Zum anderen will ich lospreschen, mich bei anderen umschauen.

Weil dieser Konflikt nicht gleich zu lösen ist, gerät das Kind in Hochspannung. Die Spannung muß sich entladen – manchmal mit Hilfe von schreien und toben.

Über einen kleinen Bruder oder eine kleine Schwester können sich ältere Geschwister nicht immer auf Anhieb freuen. Verlieren sie jetzt die Zuwendung der Mutter? Sie haben ein ungutes Gefühl, das Angst macht

In der Bredouille zwischen diesen widerstreitenden Gefühlen, gerät ein Kind unter Druck. Die Folge: In die Klemme geraten, versucht es, sich zu befreien. Versucht, den Druck loszuwerden und Dampf abzulassen. Versucht, mit dem Kopf durch die Wand zu gehen, um sich endlich wieder Luft zu verschaffen.

Dieser schmerzhafter Entwicklungsprozeß endet erst, wenn es ein Stückchen sicherer auf seinen Beinen steht und an innerer Stabilität gewonnen hat.

Die Trotzanfälle, das dauernde »Nein« und »Will nicht!« sind also häufig ein Hinweis darauf, daß das Kind unter Spannung steht, Angst hat und auch deshalb so verzweifelt um sich schlägt.

Die Ankunft eines Geschwisters kann zutiefst verunsichern

Massiv verunsichert fühlt sich ein zwei- oder dreijähriges Kind meist durch die Ankunft eines kleinen Bruders oder einer kleinen Schwester. Das steigert bisweilen die Angst immens, zu Hause den Rückhalt, die allgegenwärtige Nähe der Mutter zu verlieren.

Moritz ist eifersüchtig. Die kleine Schwester, gerade mal fünf Wochen alt, schlummert im Kinderwagen auf der Terrasse. Moritz strolcht durch den Garten, schlägt einen Haken und wandert schnurstracks auf den Kinderwagen zu. Im letzten Moment wird der Junge von seiner Mutter daran gehindert, den Wagen einfach samt Baby umzukippen.

Laura fühlt sich zurückgesetzt. Schon wieder weint der kleine Bruder und wird von der Mutter getröstet. Dauernd muß er sich in den Vordergrund spielen, denkt Laura und kneift das Baby.

Natürlich nimmt die kleine Schwester oder der kleine Bruder viel Aufmerksamkeit, viel Zeit in Anspruch. Dauernd ist die Mutter damit beschäftigt, das »neue« Baby zu stillen, zu wickeln, zu baden. Daß sie für es selbst weniger Zeit hat, nimmt ein zweijähriges Kind selbstverständlich wahr, und das bringt es auf die Palme. Kippt es den Kinderwagen um, dann nicht, weil es »böse« ist, sondern weil es die neue Familiensituation verunsichert. Er kommt mit seinen Gefühlen nicht klar. Um so wichtiger, daß die Eltern gegensteuern und ihrem Kind diese Sorge nehmen.

Von Geburt an leidet jeder Mensch unter der Angst verlassen zu werden, plötzlich mutterseelenallein zu sein. Mit der Zeit und zunehmender Lebenserfahrung geben sich diese Ängste in der Regel. Das Kind gewinnt an Selbstsicherheit, wenn es zu Hause zuverlässig Geborgenheit und Liebe erfährt (siehe Seite 70).

Jüngere Geschwister nehmen die Aufmerksamkeit der Eltern reichlich in Anspruch – so die Sichtweise der älteren, die sich jetzt leicht ausgebootet fühlen: »Wo bleibe ich? Ob Mutter und Vater für mich auch noch genug Zeit haben?«

DIE ANKUNFT EINES GESCHWISTERS stürzt Zwei- bis Dreijährige oft in Verzweiflung. Gerade jetzt, wo sie beginnen, sich langsam selbständig zu machen, und fürchten, dabei die Nähe der Mutter zu verlieren, kommt dieser Winzling und nimmt einem die Mutter weg – jedenfalls wirkt das bisweilen aus ihrem Blickwinkel so. Klar, daß sich die großen Kinder massiv verunsichert fühlen und rot sehen, d.h. mit Eifersucht und heftigen Wutanfällen reagieren.

Wenn kleine Forscher an ihre Grenzen stoßen

Löst sich das Kind aus der engen Abhängigkeit von seiner Mutter und klammert nicht länger zaudernd an ihrem Rockzipfel, dann erweitert sich sein Horizont wesentlich. Sein Gehirn ist im zweiten Lebensjahr fast voll entwickelt, seine Nervenzellen sind jetzt weitgehend ausgereift. Die Welt lockt, und so macht es sich langsam daran, sie zu erkunden. Spannend und faszinierend, was sich in einiger Entfernung von den Eltern alles abspielt. Den Kühlschrank, den Wäscheschrank, das Bücherregal, das Radio – ein Kleinkind will die Dinge des Lebens erforschen.

Der Drang, zu experimentieren, alles selbst auszuprobieren, ist angeboren, glauben die Entwicklungspsychologen.

Das Ziel fest im Auge haben. Eric will seinen großen roten Frotteehasen in eine Schachtel packen. Die Schachtel ist etwas zu klein für den großen Hasen. Ein-, zwei-, dreimal versucht der Junge, den Hasen in die Schachtel zu quetschen – vergeblich. Das Tier will – allen Mühen zum Trotz – einfach nicht in in den Karton passen. Und dann – beim vierten Versuch – gelingt es doch, den Hasen in der Schachtel zu verstauen. Allgemeines Aufatmen. Eric strahlt.

»Toll, was ich schon alles kann!«

Das eigene Können entdecken – ein spannendes und abenteuerliches Unternehmen. Auch Zwei-, Dreijährige sind schon auf Erfolgserlebnisse aus: Was sie anpacken, soll bitte auch gelingen

Mit jedem Tag entdeckt ein Kleinkind neue Fähigkeiten und merkt, daß es Riesenfortschritte in seiner Entwicklung macht. Sein Radius vergrößert sich in rasantem Tempo. Es kann jetzt

- auf dem Spielplatz Kontakt zu anderen Kindern aufnehmen,
- seine Vorstellungen immer besser in Worte fassen,
- Kopf und Hand zunehmend gekonnter einsetzen.

»Ich kann schon eine Menge alleine machen!« Diese Entdeckung macht stolz – besonders, wenn man gerade erst zwei, drei Jahre alt ist. Sie löst ein Hochgefühl aus: »Die ganze Welt steht mir offen.« In seiner Euphorie glaubt jeder zwei-, dreijährige Wicht, Berge versetzen zu können. Was das Kind auch beginnt – alles soll ihm gelingen und zwar auf Anhieb und perfekt. Natürlich möchte es bei seinen Experimenten ohne die Hilfe der Erwachsenen auskommen. Entsprechend überzeugt tönen kleine Geister gerne selbstbewußt »selber!« und »alleine!«.

Wehe, wenn nicht klappt, was unbedingt klappen soll

Noch fehlt es am richtigen Verständnis. Die dreijährige Moni baut einen hohen Turm aus Bauklötzen. Sorgsam schichtet sie ein Klötzchen aufs andere und betrachtet das stolze Werk dann zufrieden. Plötzlich kracht der Turm mit lautem Getöse zusammen. Er fiel um, weil das Fundament nicht stimmte: unten viel zu schmal und oben viel zu breit. Moni flippt aus. Schmeißt sich heulend auf den Boden, brüllt wie am Spieß und strampelt wie wild. »Wieso fällt der Turm einfach um?«

Max hat sich zuviel vorgenommen. Mittagessen: Es gibt Pfirsiche zum Nachtisch. Der zweijährige Max will den Pfirsich in seinem Schüsselchen mit seinem Löffel zerteilen. Der Pfirsich flutscht weg. Auch der nächste Versuch, den Pfirsich zu teilen schlägt fehl. Hilfe lehnt Max ab. In hohem Bogen schleudert er seiner Mutter den Löffel vor die Füße und plärrt lautstark.

Versucht das Kind, seine Ziele in die Tat umzusetzen, läuft oft manches anders als es sich vorgestellt hat, weil es seine Fähigkeiten noch nicht sicher einzuschätzen weiß. Vor allem die Folgen seines Tuns verliert das Kind aus dem Blick. So kann es zwar schon
- rennen, aber es stolpert noch häufig,
- reden, aber es mangelt noch an Worten,
- denken, aber es fehlen noch Lösungen für viele Probleme,
- geschickt hantieren, aber es ist noch nicht fähig, das wieder zusammenzusetzen, was es auseinandergenommen hat.

Selbst wenn das Kind mehr als überzeugt von seinem Können ist und die Welt gerne aus ihren Angeln heben möchte, wollen die Dinge, die es anpackt, dummerweise nicht immer so, wie es das gerne hätte. Ein Zwei- und Dreijähriges stößt dauernd auf Grenzen und Gesetze, auf Regeln, die alles zusammenhalten – undurchschaubar für solch einen Winzling.

Zweiter Konflikt: Ich kann noch nicht, was ich tun will

Weil es sein Wollen und sein Können nicht unter einen Hut bekommt, gerät ein Kleinkind bisweilen in ein zweites Dilemma:

Ungeduldig warten Kinder auf Erfolgserlebnisse: Wehe, ihr Experiment mißlingt! Dann können sie im Karree springen vor Wut: »Wieso, warum läuft die Sache schief?«

Übung macht den Meister – eine Erkenntnis mit der kleine Kinder nichts anfangen können. Fuchsteufelwild können sie werden, wenn sich ihre Vorhaben nicht sofort und ohne Schwierigkeiten verwirklichen lassen

- Einerseits packt es an, traut sich schon etliches zu – groß und stark und klug, wie es sich fühlt,
- andererseits mangelt es ihm noch an Erfahrung und Durchblick. Die Folge: Nicht alles, was es sich vornimmt, gelingt. Und das macht vorsichtig.

Dieses Hin- und Hergerissensein nervt. Kann der Wille keine Berge versetzen, will nicht gelingen, was sich der Knirps vorgenommen hat, kommt er nicht zurecht mit einer Aufgabe, die er sich gestellt hat, ist ein Wutanfall vorprogrammiert: Die Stimmung kann von einer Sekunde auf die andere von heiter auf Gewitter umschlagen. Daß nicht

alles machbar ist, daß nicht funktioniert, was funktionieren soll, bringt manchen Dreikäsehoch aus dem inneren Gleichgewicht und total zur Verzweiflung. Die Folge: schreien, toben – Tränen ohne Unterlaß. Das Kind gerät völlig aus dem Häuschen.

Wenn ein kleiner Wüterich krakeelt und zappelt und zornig um sich schlägt, dann zeigt sich darin oft die pure Verzweiflung darüber, daß die Dinge nicht so laufen wollen, wie er sich das vorgestellt hat. Er fühlt sich schlicht überfordert.

Kleine Kinder sind neugierig auf Menschen, studieren ihr Verhalten interessiert und orientieren sich an ihrem Vorbild

DAS EIGENE KÖNNEN WIRD OFT ÜBERSCHÄTZT.

In seinem Schwung und seiner Unternehmungslust mag sich ein Kleinkind meist nicht bremsen lassen. Tun sich dann plötzlich Hindernisse vor ihm auf, will partout nicht gelingen, was es sich vorgenommen hat, dann kann es vor Wut und Verzweiflung außer sich geraten.

Lernen, daß auch andere Bedürfnisse haben

Ein kleines Kind will nicht nur die materielle Umwelt erforschen, sondern auch die Menschen genau kennenlernen. Wie reagieren sie, wenn ich mich so oder ganz anders verhalte?

Was geschieht,
- wenn ich sie in die Arme nehme oder gegen das Schienbein trete,
- wenn ich sie anlächle oder muffelig anknurre,
- wenn ich ihnen folge oder mich weigere zu gehorchen?

Kathi testet ihren Vater. Kathis Vater sitzt im Sessel und liest. Eine lesender Vater – langweilig aus der Sicht einer Zweijährigen. Kathi krabbelt ihrem Vater auf den Schoß. Sie kuschelt sich an ihn. Sie spielt mit seiner Uhr. Kathis Vater fühlt sich gestört und sagt: »Kathi jetzt nicht. Ich will noch fünf Minuten lesen, nur das Kapitel zu Ende – danach habe ich Zeit für dich!« Kathi gibt nicht auf und startet den nächsten Versuch. Ihr Vater wird sauer.

Den wenigsten Erwachsenen ist bewußt, daß sie in solchen Momenten Testobjekte sind. Mögen sie nicht getestet werden, sollten sie das klipp und klar sagen (siehe Seite 75). So schwer es auch fällt, jeder muß lernen, daß nicht nur die eigenen Wünsche gelten, sondern daß auch andere Bedürfnisse haben – sogar eine Zweijährige schon.

Philipp stößt an Grenzen. Der Zweijährige sitzt am Eßtisch und hat einen Zoo kleiner Plastiktiere auf dem Tisch aufgebaut. Mitten ins allerschönste Spiel platzt Philipps Vater und mahnt zum Aufräumen: »Gleich gibt's Abendbrot. Ich will den Tisch decken. Deine Tiere packen wir jetzt ein und bringen sie ins Kinderzimmer. Dort kannst du sie ja wieder aufbauen!« Von dieser Idee und dem »Wir« hält Philipp nichts. Er schüttelt den Kopf: »Will nicht!« Als sein Vater weiterhin auf dem Aufräumen beharrt, trommelt der Zweijährige wütend mit den Fäusten auf den Tisch. Alles Erklären nützt nichts. Der Junge sieht nicht ein, warum er jetzt das Feld räumen soll.

Dritter Konflikt:
In die Pflicht nehmen lassen oder nicht?

Die Zwänge und Verpflichtungen – überhaupt die Vorstellungen der Erwachsenen – sind einem kleinen Kind fremd. Wie soll es, mit seinem geringen Fundus an Erfahrungen, auch nachvollziehen können,

- daß seine Mutter pünktlich am Arbeitsplatz sein muß und daß deshalb Morgen für Morgen zu Hause Eile angesagt ist: »Komm, ich zieh' dir fix die Schuhe an, damit wir loskommen!« »Nein, du kannst jetzt nicht mit deinem Teddy spielen, es ist schon spät, wir müssen uns beeilen!«;
- daß das gemeinsame Abendessen jetzt sein muß und nicht später sein kann, weil die Eltern Besuch erwarten.

Klassisch: Wenn's die Großen besonders eilig haben, beginnen die Kleinen nach Herzenslust zu trödeln, denn unter Zeitdruck stehen sie nie

Kleine Leute haben kein Vorstellung von Zeit, deshalb kennen sie keine Eile. In aller Ruhe wollen sie ausprobieren, ob sie den Reißverschluß vom Anorak selber schließen können – selbstverständlich soll das Experiment morgens durchgeführt werden, wenn die Zeit drängt: kurz vor Aufbruch in den Kindergarten. Und natürlich hat es kein Fünkchen Verständnis dafür, wenn seine Mutter – schon gestiefelt und gespornt und mit Blick auf die Uhr – ruckzuck den Reißverschluß selbst zumacht. Kein Wunder, daß das Kind sich in seiner Ohnmacht mit einem Wahnsinnsgeplärr wehrt.

Verzichten üben –
alles andere als beliebt bei Kindern

Das Zusammenleben funktioniert nur, wenn alle ungefähr die gleichen Chancen haben, zu ihrem Recht zu kommen. Deshalb muß ein Kind lernen – das fordern die Erwachsenen –, nicht nur die eigenen Wünsche zu sehen, sondern auch die Interessen der anderen. Es soll üben,

- Rücksicht auf die Belange der Großen zu nehmen, die Befriedigung eigener Wünsche also manchmal geduldig zurückzustellen oder ganz darauf zu verzichten,
- Kompromisse zu schließen (siehe Seite 78).

Dieser schwierige Lernprozeß kostet Kraft. Oft fühlt sich ein Knirps damit überfordert, die Balance zu halten und verschiedenen Interessen gerecht zu werden. Wieder gerät er in die Klemme:

- Einerseits will er die eigenen Interessen verfolgen,
- andererseits lebt er in vorgegebenen, festen Strukturen, die seine Experimente oft nicht zulassen.

Begeistert probiert
ein Kind seinen eigenen Willen aus. Faszinierend, was der alles bewirken kann. Störend, daß auch andere Wünsche haben

INTENSIV DAMIT BESCHÄFTIGT, den eigenen Willen und das eigene Können auszuloten, verliert ein Kleinkind völlig aus den Augen, daß auch andere Wünsche haben, die zählen. Noch ist es nicht in der Lage abzuwägen, Kompromisse zu schließen oder einfach loszulassen. Es lernt erst langsam, soziale Fähigkeiten zu entwickeln und seinen Willen zu steuern.

Weiß ein Zwei- oder Dreijähriges nicht mehr, wo's lang geht, was Vorrrang hat – das eine oder das andere –, dann gerät es zwischen die Mühlsteine und will sich befreien. Wütend und trotzig versucht es dann häufig, die eigenen Interessen durchzusetzen und allen zu zeigen: Ich habe mein eigenes Köpfchen! Ich bin eigenständig!

Zu Beginn des Trotzalters kann es seinen Willen noch nicht steuern, erst später im Kindergartenalter wird aus dem ungezielten langsam gezieltes Verhalten.

Enttäuschungen sitzen tief

Ist die Suppe versalzen oder verregnet der Sonntagsausflug, dann ärgert man sich im ersten Moment. Aber Suppe gibt's demnächst mal wieder, der Ausflug läßt sich nachholen – Erwachsene nehmen viele Enttäuschungen nicht so ernst, da sie wissen, daß sich der Schaden wiedergutmachen läßt. Anders ein zwei- oder dreijähriges Kind: Ihm fehlt diese Erfahrung und deshalb kann es Enttäuschungen nicht locker wegstecken und seine Vorhaben auf später verschieben. Was heißt schon später? Es hat kein Zeitgefühl. Auch deshalb müssen seine Pläne sofort und auf der Stelle verwirklicht werden. Läßt sich das nicht machen, fühlt es sich verloren und verlassen, denn es kann das Ganze nicht einordnen (siehe Seite 69).

Müssen sich die Großen dauernd einmischen?

Klappt nicht, was es vorhatte, ist ein Kleinkind tief enttäuscht. Es kann die Enttäuschung noch nicht wegstecken, den Frust nicht verarbeiten

Ruth will ihre Ruhe haben. Die Dreijährige bemüht sich, ihrem Plüschhasen Lotti ein Taschentuch um den Bauch zu binden. Das Vorhaben will nicht gelingen. Ruths Mutter springt auf und möchte helfen: »Schau mal, du mußt den Hasen zwischen die Knie nehmen und dann…« Ruth hört schon nicht mehr zu. Sie quittiert den Vorschlag ihrer Mutter mit zornigem Fußaufstampfen und schmeißt Lotti samt Taschentuch in hohem Bogen durchs Zimmer.

Intensiv damit beschäftigt, das eigene Ich zu entdecken und herauszufinden, was dieses Ich will und kann, zieht sich ein Kleinkind oft in seine eigene Welt zurück. Diese eigene Welt schottet es gerne nach außen ab, denn es möchte seine Experimente allein durchführen. Das läßt sich leider selten machen. Die Erwachsenen mischen sich alle naselang ein, denn nach ihrer Ansicht ist

- der Lippenstift kein Malstift,
- der elektrische Pürierstab kein Spielzeug,
- der Tresen beim Metzger kein Turngerät.

Nur selten darf ein Zwei- oder Dreijähriges seiner eigenen Wege gehen. Die Erwachsenen beschränken sich nicht darauf, im Hintergrund zu bleiben, sondern kommen dauernd mit eigenen Ansprüchen und Vorstellungen daher:

- »Ich zeig' dir, wie das geht!«
- »Du mußt das so und so machen, dann klappt's!«

Oft bleiben sie in Sichtweite des Kindes mit der Begründung: »Ich kann den kleinen Stöpsel nicht sich selbst überlassen, sondern muß ihm zeigen, wo's lang geht und sei es nur sicherheitshalber!«
Sie wollen

- die Fähigkeiten des Kindes fördern, damit es sich gesund entwickeln kann, und
- es vor Schaden bewahren.

Vierter Konflikt: eigenständig sein, aber unter Kontrolle

Clara fühlt sich bedrängt. Die Zweieinhalbjährige rennt zur Rutsche. Ihre Mutter rennt hinterher, hilft ungefragt beim Hochklettern, will beim Rutschen Hilfestellung geben. Clara brüllt los: »Geh weg!« Sie haut ihre Mutter, tritt mit den Füßen nach ihr. Alle Beschwichtigungsversuche – »Sonst darf ich hier doch auch immer stehen! Ich will doch nur aufpassen, daß dir nichts passiert!« fruchten nicht. Clara sitzt in ohnmächtiger Wut auf der Rutsche und weint bitterlich.

Kaum hat es seine neue Freiheiten entdeckt und unternimmt spannende Entdeckungsreisen, muß ein Kind erkennen, daß seine Freiheiten begrenzt sind. Dauernd wird es von den Großen beobachtet, geführt und geleitet. Zwar soll es möglichst schnell selbständig werden, aber nicht zu selbständig. Daraus ergibt sich neuer Zündstoff:

- Einerseits gewinnt das Kind im dritten und vierten Lebensjahr erheblich an Eigenständigkeit und diese Entwicklung wird von seinen Eltern gefördert. Es wird langsam unabhängiger von den Erwachsenen, denn es kann inzwischen
  – längst allen davonlaufen (-klettern, -springen),
  – eigene Kontakte knüpfen (etwa in der Nachbarschaft),

»Ich kann Dinge selbst in Bewegung setzen« – fasziniert von ihren neuen Fähigkeiten, möchten Kleinkinder bei ihren Experimenten manchmal nicht gestört werden. Warum wollen so viele Erwachsene eigentlich permanent mitmischen?

– alleine spielen und sich an seinem Erfindungsgeist freuen.
- Andererseits folgen ihm Erwachsene auf Schritt und Tritt, manchmal »nur« beobachtend, häufig auch sich einmischend, eigene Wünsche äußernd – je nachdem.

Ständig sind die Großen in Sichtweite. Ihr Blick ruht immer wieder auf dem Kind. Manchmal empfinden auch schon kleine Kinder dieses ewige Beobachtetwerden als reichlich nervig

DEN EIGENEN WÜNSCHEN NACHGEBEN? Oder denen der Eltern? Einem kleinen Kind fällt es schwer, sich zu entscheiden. Hin- und hergerissen zwischen den verschiedenen Bedürfnissen, kann es sich oft nicht entscheiden. Die Wahl wird wirklich zur Qual. Tränen und Wutgebrüll lösen dann häufig die Spannung.

Mal wird man zu mehr Selbständigkeit ermuntert ...

Felix mag sich nicht drängen lassen. Heute Nachmittag ist er bei Jens zum Geburtstag eingeladen. Felix will Jens nicht besuchen. Als seine Mutter ihm Mut macht »Das wird bestimmt lustig« und ihm den neuen roten Pullover überziehen will, kreischt Felix »Nein!« und verwandelt sich in ein wildgewordenes Rumpelstilzchen, das sich erstens weigert, den roten Pullover überzuziehen, und zweitens, überhaupt aus dem Haus zu gehen.

In bester Absicht versuchen viele Eltern, ihr Kind vorsichtig aus dem Nest zu stupsen – vor allem wenn es sich am liebsten schüchtern hinter Mutters Rücken verstecken und mit dem Selbständigerwerden reichlich Zeit lassen möchte. Dann heißt es:
- »Nun geh schon und schau, was draußen los ist!«
- »Jetzt bist du groß genug für den Kindergarten und kommst schon ein Weilchen ohne die Mami aus!«
- »Du kannst doch nicht ewig zu Hause hocken. Willst du nicht zu den anderen Kindern auf dem Spielplatz gehen?«

Mit der Zeit stellen die Erwachsenen immer mehr Forderungen, nicht nur zu Hause, sondern auch im Kindergarten:

- »Du brauchst meine Hilfe nicht, du kannst deine Socken längst alleine anziehen!«
- »Du kannst den Turm selber weiterbauen! Papi muß nicht immer mitspielen!«
- »Du solltest dich zu den anderen Kindern an den Tisch setzen und mitspielen!«

Je mehr Selbständigkeit die Erwachsenen erwarten, je mehr Druck sie machen – »Nun geh schon!« –, desto mehr sperrt sich manches Kind. Wird ihm das Drängeln zuviel, legt es sich quer und schaltet erst recht mit einem lautstarken, entschiedenen »Nein!« auf stur. Könnte es sich schon differenzierter ausdrücken, hieße seine Botschaft: »Mich stört, daß ihr mich unter Druck setzt. Euer Drängeln macht mich wütend. Das ist nicht zum Aushalten!«

KINDER SIND »PERSÖNLICHKEITEN«. Jedes Kind hat von Anfang an sein eigenes Entwicklungsprofil und -tempo – auch und gerade beim Selbständigwerden.

- Die Quirligen, die Wagemutigen unter den Kindern haben es eilig, eigene Schritte zu tun. Neugierig stürmen sie los, wollen Abenteuer erleben.
- Die Zauderer, die Schüchternen bleiben dagegen gerne möglichst lange im Nest hocken.

Eltern begleiten diesen Entwicklungsprozeß, beobachten ihren Nachwuchs, bremsen oder ermutigen, loben oder kritisieren. Vielen fällt es schwer, dabei das rechte Maß zu finden.

Warum darf man sich nicht Zeit lassen mit dem Großwerden? Viele Kinder fühlen sich in dieser Entwicklungsphase überfordert: Die Erwachsenen sind oft so ungeduldig, können in mancher Beziehung gar nicht abwarten, daß sie selbständig werden

... mal wird man dauernd gebremst

Wird das Kind heute von den Erwachsenen vorwärts gepusht und ermutigt: »Nun lauf schon!«, wird es nicht selten gleich darauf wieder gebremst. »Halt!«, »Hier ist eine Grenze!« heißt es dann. Dieses Hin und Her soll einer verstehen, wenn er erst zwei, drei oder vier Jahre alt ist und die ganze Welt vor einem liegt wie ein faszinierendes, riesiges Puzzlespiel.

Die Neugier, der Forscherdrang vieler Zwei- und Dreijährigen ist unbändig. Nur zu gerne gehen sie auf Abenteuerreise durch die Wohnung und die nähere Umgebung und untersuchen die Dinge des Lebens:

- Die blitzblanken Töpfe aus dem Küchenschrank scheppern wunderbar, wenn man sie zusammenhaut.
- Der Fernseher rauscht und flimmert aufregend, wenn man gleichzeitig auf mehrere Knöpfe drückt.
- Die Tassen fühlen sich herrlich kühl und glatt an, wenn man sie von einer Hand in die andere gleiten läßt.

Was bilden sich die Großen eigentlich ein? – So die Sicht kleiner Leute. Wieso glauben sie genau zu wissen, wo's lang geht, und hindern einen Abenteurer daran, seiner Wege zu gehen? Da muß man doch wütend werden!

Babette mag sich nicht einengen lassen. Die Zweijährige versucht im Supermarkt, auf ein Regal zu klettern, um sich eine Tüte Gummibärchen zu angeln. Sie denkt nicht daran, ihre Klettertour zu unterbrechen, obwohl ihre Mutter mahnt: »Komm da runter. Du kannst dir den Hals brechen. Ein Regal ist kein Klettergerüst!« Weil sie nicht gehorcht, wird Babette unsanft und mit Schwung von ihrer Mutter in den Einkaufswagen verfrachtet. Die Zweijährige wehrt sich mit Gebrüll.

Eltern setzen einem Zwei- oder Dreijährigen häufig Grenzen:
- *Im Park auf dem Weg zum Spielplatz.* »Du kannst noch nicht alleine losziehen. Warte, bis die Mama mitkommt!«

- *In der Küche.* »Du darfst nicht an den Herd gehen, sonst verbrennst du dir die Finger!«
- *Im Kinderzimmer.* »Du sollst nicht mit dem Stuhl kippeln, sonst kippst du um und tust dir weh!«

Ein Weltentdecker – so klein er noch ist – empfindet die vielen Gebote und Verbote als lästig bis überflüssig, als Einengung seines Spielraums und als Kratzer an seiner Persönlichkeit. Gerade wenn es sagenhaft spannend wird, verbieten die Erwachsenen das Weitermachen, verderben einem den Spaß an der Sache mit blöden Hinweisen wie

- »Das ist viel zu gefährlich!«
- »Nun laß das mal lieber, das könnte schiefgehen!«
- »Das kannst du noch nicht!«

Bringt sich ein Kind bei seinen Eroberungszügen in Gefahr, können Eltern oft gar nicht anders, als ihrem Kind Einhalt zu gebieten. Die eigenständige Erkundung eines Kaufhauses kann für einen Zweijährigen schwierig werden oder das Balancieren auf dem Bordstein gefährlich.

Nervig, wenn sich die Eltern dauernd einmischen

Warum Mutter und Vater laufend in sein Leben eingreifen, entweder ermutigen oder bremsen, versteht ein Dreikäsehoch nicht. Warum heißt es heute »Nun geh schon!« und morgen wieder »Stop, halt!«?

WARUM GRENZEN SEIN MÜSSEN, kann ein zwei- oder dreijähriges Kind nicht verstehen. Was heißt »zu gefährlich« oder »zu teuer« oder »zu laut«? Solche Hinweise sind ihm wurscht und piepegal. Es interessiert nur, daß es nicht darf, was es will. Das ist Grund genug, sich die angestaute Wut kräftig aus dem Leibe zu brüllen – so daß Erwachsene am liebsten ihre Ohren zuklappen würde. Zwei- und Dreijährige können sich aber nur mit Geschrei gegen die Übermacht der Erwachsenen wehren (siehe Seite 75).

Daß sein Handeln
Folgen haben kann, nimmt ein Kleinkind noch nicht wahr. Und erst recht nicht, daß es vor manchen dieser Folgen geschützt werden muß

Je reicher das Kinder-
zimmer mit Spielzeug
bestückt, je umfang-
reicher das Angebot
verschiedener Freizeit-
möglichkeiten, desto
schwieriger manchmal
für ein Kind, eine Wahl
zu treffen. Nicht selten
fühlt es sich damit
einfach überfordert und
ist frustriert trotz aller
Fülle

Den Sinn der meisten Maßregeln kann er nicht nachvollziehen, denn mit seinen zwei, drei Jahren mangelt es ihm meist noch an der nötigen Einsicht und Vernunft.

Oft muß das Kind vor seinen übermächtigen Eltern kapitulieren. Dieses Gefühl der Ohnmacht kann höllisch weh tun. Wird ein unternehmungslustiger Zwei-, Dreijähriger permanent gebremst, steigt sein Frustpegel erheblich. Kein Wunder also, wenn dann ein Gewitter mit Blitzschlag und Donnergroll aufzieht, und das Kind sich Luft macht: aus Verzweiflung in helle Aufregung gerät, tobt oder schreit oder sich auf den Boden wirft (siehe Seite 8).

Eigene Entscheidungen treffen

Im Kinderzimmer gibt es reichlich Spielzeug, im Wohnzimmer darf herumgetobt werden – die Ver- und Gebote halten sich heute in den meisten Familien in Grenzen (auch wenn das ein kleiner Steppke sicher anders sieht). Trotz aller Einmischerei der Großen bleibt einem Knirps in der Regel eine Menge Freiraum. (Richtig austoben kann er sich trotzdem oft nicht: überall sind Hecken, Zäune und gefährliche Straßen. Dauernd stößt er auf Stoppschilder.)

Ja oder nein: das Tue-ich's-oder-tue-ich's-nicht-Spiel

Vor allem im Kleinen haben Kinder die Wahl. Xmal am Tag müssen sie Entscheidungen fällen. Will ich mit Bauklötzen spielen oder lieber mit Stofftieren, vor dem Fernseher sitzen oder auf den Betten herumtoben?

Wer die Wahl hat... Franzi hat den Korb mit den Strümpfen aus dem Schrank genommen und ausgekippt. Rote, grüne, blaue Sockenbündel kullern über den Teppich. Was jetzt – welche Socken soll sie anziehen? Franzi zieht die roten Socken an und zieht sie wieder aus. Dann die grünen. Dann die blauen. Franzi kann sich nicht entscheiden. Sie rennt heulend aus dem Kinderzimmer und weiß nicht weiter. Eine Entscheidung fällen – oft eine Tortur. Brötchen oder Schweinsöhrchen? Line soll sich entscheiden. Sie kann nicht und beginnt zu weinen.

Entscheidungen kann man nicht einfach treffen – man muß es erst lernen. Erweitert sich ihr Aktionsradius, sind Kinder dauernd vor die Wahl gestellt: Was mache ich jetzt?

- Wen soll ich heute Abend mit ins Bett nehmen – den beigen Stoffhasen oder den grünen Plüschteddy?
- Was soll ich mir zuerst nehmen – das Stück Nußkuchen oder den Hefekringel?

Sich zwischen verschiedenen Möglichkeiten zu entscheiden, fällt schwer. Wähle ich das eine, muß ich auf das andere verzichten. Kinder möchten aber alles haben.

Das Entscheidungsdilemma versetzt einen Zwei- oder Dreijährigen innerlich in Aufruhr. »Über viele Dinge könnte ich verfügen, ich müßte nur zugreifen und eine Wahl treffen.« Eine schwierige Angelegenheit – auch für viele Erwachsene. Für ein kleines Kind ist dieses Dilemma manchmal nicht zu bewältigen. Es wird mit der Situation nicht fertig. Die Folge: Verwirrt entzieht es sich der unerträglichen Situation, weint verzweifelt aus Enttäuschung.

Trotz richtig einordnen

Auch wenn sie wissen, wie Trotz entsteht und warum er seinen Sinn hat, fällt es Eltern schwer, gelassen und ruhig mit ihrem Kind umzugehen, wenn es »seinen Rappel« hat. Es bleibt viel Unsicherheit. Verfällt ihr Sohn in nervenzerfetzendes Geschrei, weil er die ersehnte Limo nicht bekommt, oder hält ihre Tochter einfach die Luft an, weil sie das rote Bonbon haben will und nicht das grüne, dann fragen sie sich immer wieder: »Ist dieses Verhalten wirklich ›normal‹ oder läuft hier bei uns etwas schief?«

Es fällt schwer, das Thema mal genau umgekehrt zu sehen: Trotz bedeutet keine Distanz zu den Eltern, sondern Nähe. Er zeigt, wie schwer es kleinen Leuten fällt, von Mutters oder Vaters Schoß zu rutschen, sich aus der gemütlichen Geborgenheit zu lösen, um auf eigenen Füßen die Welt zu erkunden.

Noch einmal: Der Verzicht auf Nähe und Behütetsein tut weh. Dieser Schmerz macht ein Kind wütend. Diese Wut gehört zum Großwerden. Wenn Kinder gelernt haben, Mißerfolge und Rückschläge zu verkraften, negative Erfahrungen zu verarbeiten und Spannungen auszuhalten, dann explodieren sie seltener. Zuerst fordern Kinder in der Regel ihre Lieben zu Hause mit ihren Trotzausbrüchen heraus. Mit der Zeit trifft der Zorn auch andere, im Kindergarten, auf dem Spielplatz.

Ihr Sprößling veranstaltet ein Riesengeschrei, brüllt wie am Spieß vor Wut – nicht nur schwierig für Eltern, darauf RICHTIG zu reagieren – »Ja wie denn bloß?« – sondern, den Wutanfall zu verstehen und RICHTIG einzuordnen

Wann hat die Not ein Ende?

Bricht bei einem drei- oder vierjährigen Kind noch mehrmals pro Woche der Trotz aus, dann ist Vorsicht angesagt. Ist der Trotzanfall wirklich noch ein Hinweis auf Angst und Verzweiflung oder wütet das Kind inzwischen in der Absicht seinen Willen durchzusetzen?

Daß er mit Tränen ans Ziel seiner Wünsche kommen kann, dämmert manchem Winzling im Kindergartenalter. Tränen werden oft schon erstaunlich gezielt eingesetzt, also nicht mehr aus Angst oder Verzweiflung vergossen. Das Kunststück für Eltern besteht darin, den Unterschied wahrzunehmen und sich abzugrenzen, wenn's sein muß

Erschöpft gibt Rosas Mutter auf. Rosa will bei ungemütlichem Herbstregenwetter im Sommerkleid das Haus verlassen. Alle Gegenargumente – »Du hast sowieso schon einen Schnupfen!« – werden mit einem nachdrücklichen – »Ich will aber!« – vom Tisch gefegt. Die Vierjährige nimmt das Nein ihrer Mutter kein bißchen ernst und geht kühl darüber hinweg. Als alles »Ich will aber« nichts nützt, beginnt Rosa zu nörgeln. Als sie merkt, das auch das nicht zum Ziel führt, schwillt das Quengeln zum Gebrüll an. Jetzt gibt Rosas Mutter klein bei: »Bitte nicht schon wieder einer dieser schrecklichen Tobsuchtsanfälle!« Rosa macht sich also im Sommerkleid auf den Weg in den Kindergarten und friert eisern.

Nach Not und Verzweiflung klingt diese Geschichte nicht, eher nach Durchsetzungsvermögen und starkem Willen. Rosa ist kein zartes Pflänzchen mehr, das verwirrt nach Orientierung sucht. Das Mädchen

LÄNGST NICHT ALLE KINDER TROTZEN in dem »kritischen« Alter zwischen anderthalb und drei. Obwohl froh und glücklich, daß sie verschont werden von Plärrereien und Wutgebrüll, machen sich manche Eltern Sorgen: Wenn die Trotzphase wichtig für die Entwicklung ist, was heißt es dann, wenn mein Kind nicht trotz?

Manche Kinder »überspringen« diese Phase einfach, bleiben sanft wie die Lämmer. Das heißt nicht, daß sie sich später nicht durchsetzen können. Gefährlich wird es allerdings, wenn Eltern das Trotzen mit Gewalt unterdrücken, denn dann wird das Kind mit Macht in seiner Entwicklung behindert.

ist groß geworden und gerade dabei, Wutanfälle als Mittel zum Zweck zu entdecken: Mal sehen, ob ich mit meinem Gekreische zum Ziel komme? Macht es jetzt die wichtige Erfahrung, daß die Erwachsenen das Wutgebrüll ignorieren, lernt es schließlich: Wut ist kein Mittel sich durchzusetzen.

Der Übergang zwischen Trotzen aus Not, Angst und Verzweiflung und Trotzen in der Absicht, seinen Willen durchzusetzen, ist meist fließend. Im Kindergartenalter werden die meisten Querköpfe langsam zahmer. Jetzt hat das Kind den ersten großen Schritt in die Selbständigkeit und weg von zu Hause geschafft und erfahren: Ich muß keine Angst haben. Ich bin gut damit fertig geworden. Im Kindergarten hat es seinen eigenen Bereich. Das kleine Ich ist also

ein Stückchen gewachsen und das ärgste Gebrüll damit verstummt. Natürlich bekommen die Erwachsenen immer noch viele Neins zu hören, aber sie klingen oft viel weniger dramatisch. Bisweilen wird schon ein kleines »Ja, aber…« daraus. Gegen Ende des dritten Lebensjahres lernt es, daß man Pläne verschieben kann, also nicht alles sofort und gleich erledigt werden muß. Die Trotzphase, die Zeit der ersten großen Nöte, hat langsam ein Ende.

Leidet ein Kind im Kindergartenalter noch mehrmals in der Woche an Zornesausbrüchen, sollten Eltern hellhörig werden: Verstärken wir vielleicht dieses Verhalten?

II. Bei Trotz Ruhe bewahren

Selbst wenn sie wissen, warum ihr Kind zornig auf die ganze Welt ist, heißt das noch lange nicht, daß es Eltern gelingt, gelassen auf Tobsuchtsanfälle zu reagieren. Sie können selbst die geduldigsten Eltern zur Verzweiflung treiben und dazu, das zu tun, was sie eigentlich nie tun wollten: schimpfen, strafen, sich auf Machtkämpfe einlassen

»Manchmal bringt mich mein Kind zur Weißglut!«

Sie brüllen fünfzehn Minuten am Stück wie verrückt, sie treten gegen Türen und schmeißen Sachen an die Wand – daß sich ihre kleinen Spatzen in Wilde verwandeln würden, hätten sich manche Eltern vor Wochen noch nicht vorstellen können. Bis dahin gab's keine größeren häuslichen Erdbeben. Inzwischen hat sich das Bild total verändert. Die süßen Kleinen toben, kreischen und bekommen ihren »Koller«. Sie halten ihre Familien in Atem. Die Wutanfälle häufen sich.

Dreimal am Tag
Gewitterstimmung –
die Trotzphase strengt
nicht nur kleine Quäl-
geister an, sondern
auch Erwachsene, denn
Auseinandersetzungen
kosten Kraft

Streit mit dem Vater. Friedo möchte keinen Kakao trinken, sondern Milch. Sein Vater holt Milch. Doch keine kalte Milch, sondern warme. »Jetzt reicht's«, sagt Friedos Vater.

Das Will-nicht-Gezeter und Nein-Gebrülle nervt. Die strapazierten Eltern sind enttäuscht, daß die heitere Babyphase passé ist und rauhere Zeiten beginnen. Obwohl sie meist schon vom Trotzalter gehört haben, waren sie auf diese vehementen Kraftproben nicht gefaßt. Im ersten Lebensjahr ist die Eltern-Kind-Beziehung meist unkompliziert und harmonisch. Das mit anderthalb beginnende Trotzalter, das etwa bis zum dritten Geburtstag währt, ist oft die erste stärkere und andauernde Belastung für die Eltern-Kind-Beziehung.

BRÜLLEND UND TRETEND machen Kinder mit Macht auf sich aufmerksam. Daß sie diese Macht haben, empfinden viele Eltern als Herausforderung. Sie übersehen leicht, daß Kinder nicht absichtlich Krawall machen, um zum Ziel ihrer Wünsche zu kommen, sondern wüten, weil sie nicht anders können: Trotzausbrüche sind Ausdruck ihrer Unsicherheit und Verwirrung. Ein Hinweis darauf, daß sie unter Hochspannung stehen und nicht wissen, wohin mit ihrer Verzweiflung und ihrem Frust. Schließlich entlädt sich das Gewitter und die Familie bekommt das Donnerwetter ab (siehe Seite 8).

Bloß nicht provozieren lassen

Rotzfrech zieht mancher Zwei- oder Dreijährige seine Manöver durch. Richtig unmöglich, gar nicht mehr anschmiegsam und niedlich, gebärdet er sich.

Christophs Mutter fühlt sich provoziert. Der Zweijährige schlendert durch die Küche, möchte eine Semmel essen. Seine Mutter hat keine Semmeln. Sie bietet ihrem Filius ein Marmeladenbrot an. Christoph steht der Sinn aber nicht nach Marmeladenbrot, sondern nach Semmel. Daß seine Mutter da passen muß, mag er nicht akzeptieren. Wütend fegt er einen Becher Milch vom Tisch und patscht dann mit beiden Füßen in den weißen See am Boden. »Spinnst du jetzt total?«, bekommt Christoph zu hören. – Vorher hatte ihn seine Mutter noch nie angeschrien.

Eltern empfinden die Trotzausbrüche oft als reine Provokation. Es fällt ihnen schwer, in den »Unverschämtheiten« einen Verzweiflungsakt zu sehen. Mag ja sein, daß sich in dem Getobe der unausgeglichene Seelenzustand des kleinen Rebellen widerspiegelt – dennoch: Diese Frechheiten führen einfach zu weit.

Während sie sich noch aufregen, wartet ihr Kind gespannt auf ihre Reaktion: Was folgt auf meinen Ausbruch? Wie geht's weiter? Wie reagieren die Großen?

Werden einem Wutkind jetzt Grenzen gesetzt – mit »So nicht!« oder »Jetzt ist Schluß« –, hört es meistens noch lange nicht auf. Im Gegenteil. Oft spinnt es den Faden weiter. Der Wüterich hopst noch einmal mit Karacho in die Milchpfütze, haut nach seiner Mutter, schmeißt mit Bauklötzen.

Schimpfen beeindruckt Kinder wenig

An diesem Punkt sind viele Erwachsene mit ihrem Latein am Ende. Und auch mit ihren Nerven. Frustriert und erschöpft, bis zur Weißglut gereizt, machen sie das, was mehr schadet als nützt:

- Sie stoßen wüste Drohungen aus. »Wenn du nicht sofort aufhörst zu brüllen, dann …« – Ja, was dann? Dann kommst du ins Bett? Dann gibt's keinen Nachtisch?

Auch schon bei Zwei- und Dreijährigen verpuffen solche Drohungen. Sie wissen längst: Wahrscheinlich vergessen Mutter oder Vater im All-

Was auf den ersten Blick nach purer Frechheit aussieht, ist auf den zweiten meist kein Übermut. In ihrer Empörung über den Unfug versäumen es Eltern oft, genauer hinzuschauen

Ein gräßliches Gefühl, sich als Mutter, als Vater verantwortlich zu fühlen, aber keinen blassen Schimmer zu haben, wie man dieses störrische Wesen zur Einsicht bringen könnte

Schimpfen und drohen Erwachsene, lassen sie Dampf ab und stehen nachher vielleicht weniger unter Druck. Auf Kinder macht das Gezanke allerdings wenig Eindruck. Sie überhören solches Gemecker bewußt

tagsrubel bald, ihre Drohungen zu verwirklichen, und es bleibt bei der Ankündigung der Strafe.

Machen sie ihre Drohungen wirklich wahr, dann hat ihr Sprößling bis dahin vergessen, warum er jetzt eigentlich bestraft werden soll (siehe Seite 86).

- Sie schimpfen. Hat ein Kind mit Vielschimpfern zu tun, stellt es seine Ohren schleunigst auf Durchzug und hört nicht hin. Erwachsene, die herumschimpfen machen keinem Eindruck.

Erschöpfte Eltern verlieren schnell die Fassung

Sind sie angestrengt und gestreßt, reißt vielen Erwachsenen der Geduldsfaden. An sich freundliche Menschen verwandeln sich plötzlich in überreizte Ewigmeckerer,

- die nur wenig Verständnis für die Gefühle und Probleme ihres Kindes zeigen: »Was sollen die Sperenzchen? Reiß dich zusammen!«,
- die über unzumutbare Zusatzbelastungen schimpfen und keine Möglichkeit sehen, ihrem Kind beizustehen: »Trotzphase – das hat mir gerade noch gefehlt! Ich habe keine Kraft mehr, mich darum auch noch zu kümmern!«,
- die meilenweit davon entfernt sind, in Krisenmomenten ruhig und gelassen zu bleiben: »Ich bin sowieso schon kribbelig, wie soll ich es da plötzlich schaffen, locker und entspannt zu sein?«

Nicht wenige Mütter oder Väter sind heute angestrengt und überfordert, weil sie ein Riesenprogramm zu bewältigen haben, zum Beispiel:

- alleinerziehend sind und schwer damit fertig werden, daß alle Verantwortung auf ihnen lastet,
- mehrere Kinder zu versorgen haben (vielleicht auch noch die Großeltern),
- unter Geldsorgen leiden oder um ihren Arbeitsplatz bangen,
- Beruf und Haushalt gleichzeitig schmeißen müssen und die Doppelbelastung kaum noch bewältigen können.

Jens Mutter braucht Hilfe. Vor einer Stunde ist Jens ab ins Bett marschiert. Er will aber nicht schlafen und ruft seine Mutter. Einmal, zweimal. Jedesmal kommt sie und geht geduldig auf ihren Filius ein, liest noch eine Geschichte vor. Läßt das Licht brennen. Als sie nach dem fünften Rufen nicht gleich auf der Matte steht, brüllt und tobt Jens, gerät völlig aus dem Häuschen. Seine Mutter, müde von ihrer Ar-

beit im Supermarkt, von zwei Stunden Hausarbeit – niemand da, der ihr auch nur ein paar Kleinigkeiten abnehmen oder sie trösten könnte –, brüllt mit.

Nicht selten leben Mutter und Kind oder Vater und Kind heute alleine –, eng aufeinander bezogen in ihrer Zweiergemeinschaft, manchmal reichlich isoliert. In dieser engen Beziehung schaukeln sich Konflikte schnell hoch. Stellt keiner die Gewohnheiten und Muster des Zusammenlebens infrage – »Dieses oder jenes könnte man auch ganz anders sehen!« –, kommt wenig frischer Wind in die Beziehung, schraubt sich der Clinch leicht hoch und wird zum Dauerzwist. Eine Mittel dagegen: Versuchen, die Isolation zu durchbrechen und Hilfe bei einer Erziehungsberatungsstelle suchen.

Ab und zu zurück-brüllen schadet nicht, denn ein Kind erfährt auf diese Weise, daß seine Gefühle auch bei anderen Gefühle hervorrufen

Auch Eltern stehen unter Druck

Pauls Vater läßt sich provozieren. Der zweieinhalbjährige Paul möchte seinen Socken selber anziehen: »Alleine!« Daß sich sein Sohn gerade jetzt ans Üben macht, paßt dem Vater überhaupt nicht. »Paul, laß mich das machen oder wenigstens helfen!« Paul stellt sich stur. Der Socken soll ohne fremde Hilfe auf seinen Fuß kommen. Der Mann tänzelt nervös um den Jungen herum, der Sohn macht – aus Sicht des Vaters – extra langsam. Die Zeit drängt: »Der Bus wartet nicht auf uns. Wir müssen uns sputen.« Aus und vorbei mit dem Frieden. Paul brüllt. Sein Vater brüllt noch lauter.

In der Zwickmühle zwischen eigenen und anderen Interessen

Die meisten Erwachsenen sehen schließlich ein, daß die Trotzphase als Abnabelungszeit sein muß, und gewöhnen sich langsam an die wiederholt auftretenden Wutanfälle. Sie bemühen sich, beiden Seiten – den Großen und den Kleinen – gerecht zu werden. Da es manchmal kaum möglich ist, die eigenen Interessen und die des Kindes unter einen Hut zu bringen, geraten sie dabei aber nicht selten in die Klemme.

- Auf der einen Seite stehen ihre Bedürfnisse, etwa ihr Wunsch nach Harmonie und Ruhe. »Im Dauerclinch mit einem Zweijährigen stehen – das kostet zu viel Kraft und muß ein Ende haben!« (Mehrere Wutanfälle pro Tag sind allerdings nicht ungewöhnlich! Siehe Seite 12).

- Auf der anderen Seite stehen die Wünsche des Kindes. Es ist ja einzusehen, daß es nicht nach der Pfeife der Erwachsenen tanzen mag und daß ihm der Kragen platzt, wenn gehorchen oder nachgeben oder verzichten verlangt wird und die Erfüllung seiner Bedürfnisse auf die lange Bank geschoben wird.

Sehen sie keinen Ausweg aus diesem Dilemma, geraten auch Erwachsene schnell unter Druck. Um Dampf abzulassen, machen sie das, was der Nachwuchs tut: Ihre Sicherung knallt durch, sie gehen wie eine Rakete in die Luft und brüllen mit. Was bedeutet es für ein Kind, wenn Erwachsene mit ihm schimpfen?

Staunend steht es vor ihnen und spürt: Ich mag nicht angebrüllt werden. Brüllen ist scheußlich. Aber immerhin habe ich es geschafft, meine Mutter, meinen Vater aus der Reserve zu locken. Sie kümmern sich um mich. Und damit habe ich mein Ziel erreicht.

Hauptsache die Eltern sind »da«. Wichtig ist Kindern in erster Linie, daß sie sich ihnen zuwenden. Ob mit Gebrüll oder Streicheleinheiten, das ist erst einmal nebensächlich.

Überforderten Eltern platzt schnell der Kragen. Bemüht, allen Interessen gerecht zu werden, verlangen sich viele Mütter und Väter zu viel ab

Immer schön Haltung bewahren?

Erstaunt, manchmal auch entsetzt, nehmen Mütter und Väter die Gefühle wahr, die in ihnen hochsteigen, wenn sie mit ihrem Kind im Clinch liegen: blanke Wut und dickster Frust. Warum geraten sie eigentlich selbst derart in Streß, wenn ihr Kind herumwütet?

II.

- Erstens: Weil ihr Kind sie aus heiterem Himmel mit seiner Attacke überfällt und ihnen ihre gute Laune in Null-Komma-Nichts vermiest. Weil es sich über lächerliche Kleinigkeiten erregt – jedenfalls ist das ihre Sicht der Dinge. Über Sachen, die niemanden sonst aus der Ruhe bringen. Weil es sie aus dem Stand in Aufregung, Ärger, Spannung versetzt, mit heftigsten Gefühlen konfrontiert werden, auf die sie nicht gefaßt waren. Das kann unangenehmen Folgen haben: Ihr Puls rast. Sie leiden unter Herzklopfen, Schweißausbrüchen. Sie fragen sich:«Wieso diese Gefühlsausbrüche? – Ich habe doch gar nichts getan.» Viele Erwachsene fühlen sich total überrumpelt, empfinden diese Überfälle aus dem nichts einfach als Qual und auch als Zumutung.

- Zweitens: Weil sie sich anstecken lassen von dem Frust, sich einspannen lassen in den Konflikt, weil sie zurückwüten und es sie einige Kraft kostet, sich schließlich wieder zu fassen und ruhiger auf das Kind einzugehen (Seite 86).

- Drittens: Weil ihnen die Gefühlsausbrüche ihres Kindes Angst machen. Dieses zerzauste Wesen mit dem wutverzerrten Gesicht, das mich zornentbrannt anschaut, das laut plärrend auf mich einhaut – ist das meine zarte, sanfte Tochter? Trotz entfremdet Eltern ihr Kind für den Moment. Sie können diesen heftigen Gefühlsausbruch oft nicht einordnen, fühlen sich überfordert.

Daß ihnen ihr Kind mit seinem Tobsuchtsanfall Streß aufzwingt, macht viele Eltern doppelt wütend. Innerlich wehren sie sich, fühlen sich gestört, wenn ein Zweijähriges Zicken macht

HIN- UND HERGERISSEN zwischen den eigenen Wünschen, die ihre Berechtigung haben, und den Bedürfnissen des Kindes, die ebenfalls Sinn machen, verliert mancher Erwachsene die Balance: gerät in ähnlichen Harnisch wie ein zwei- oder dreijähriges Trotzkind – erst recht, wenn »Zuschauer« mitmischen (Onkel, Omas, Nachbarn, Freundinnen) und ihren Senf dazugeben wie:

- »Du mußt mal andere Seiten aufziehen!«

- »Bei uns hat es das früher nicht gegeben!«

- »Eins hinten drauf geben, und dann hat sich die Sache!«

- »Das Kind tanzt dir ganz schön auf der Nase herum. Ich würde mir das nicht gefallen lassen!«

Unsicherheit, Angst, Wut, Erschöpfung – dieses Gemisch unterschiedlichster Gefühle bringt viele Mütter und Väter dazu, auf untaugliche Mittel zurückzugreifen. Auf Erziehungsmethoden, die den Konflikt eher verschärfen als entspannen. Die Folge: Das Familienklima verschlechtert sich. Das Vertrauen zueinander, die Eltern-Kind-Beziehung nimmt Schaden.

Sich zusammenraufen beim Streiten – in manchen Familien geschieht das mit viel Temperament. Gelegentliche Tobsuchtsanfälle und andere Temperamentsausbrüche von Erwachsenen können Kinder wegstecken, aber keine Gewalt

Zurücktrotzen – auch eine Temperamentssache?

Wie sich Erwachsene mit einem Kind auseinandersetzen – ruhig und bedächtig oder brüsk, aufgeregt und gereizt –, hängt natürlich wesentlich von ihrer Mentalität ab, von ihrer Tagesform und ihrem Seelenzustand. An »guten« Tagen gelingt es sicherlich eher, einigermaßen gelassen auf kindliche Zornesausbrüche zu reagieren und sich nicht anstecken zu lassen von dem Wutgeheul (siehe Seite 68). An schlechten neigen sie dazu, genau die Fehler zu machen, die sie eigentlich unbedingt vermeiden wollten: Sie brüllen mit ihrem Kind um die Wette, drohen und schimpfen.

Tobt der Familienkrieg, wird auf beiden Seiten gebrüllt und geschimpft, dann beobachtet sich mancher Erwachsene innerlich kopfschüttelnd:

»Wieso lasse ich mich bloß auf dieses Theater ein? Warum gelingt es mir nicht, mich aus dem Clinch rauszuhalten?« – Leichter gesagt als getan. Auch Erwachsenen handeln nicht immer so vernünftig, wie sie's gerne hätten.

Weil sie gestört wird, ist Jörgs Mutter sauer. Gemütliches Teetrinken in der Küche. Endlich ausruhen, endlich entspannen. Denkste! Jörg will rote Marmelade auf sein Brot haben und keine gelbe. Rote Marmelade gibt's aber nicht mehr. Was Jörgs Mutter locker hinnimmt, akzeptiert der Dreijährige noch lange nicht. Er zetert und kreischt. »Du benimmst dich unmöglich!«, weist ihn seine Mutter zurecht. Sein Benehmen ist Jörg schnurzegal. Er verlangt weiter nach roter Marmelade. Seine Mutter wird wütend. Sie staucht ihren Sohn zusammen. Der Zwist eskaliert. Schließlich weinen Sohn und Mutter.

Kinder brauchen keine perfekten Eltern

Streit mag keiner. Erwachsene nehmen es sich zu Herzen, wenn sie die Beherrschung verloren und zurückgetrotzt haben und machen sich hinterher Vorwürfe: »Ich verliere meine Glaubwürdigkeit! Wie soll unser Kind lernen, daß es sich zusammennehmen muß, wenn ich es selbst nicht schaffe, mich am Riemen zu reißen?«

Große können Kleine leicht niederbrüllen. Wenn sie sich auf ein Scharmützel einlassen, dürfen Erwachsene nicht vergessen, daß ein Kind immer in der schwächeren Position ist, selbst wenn es noch so wüst tobt

Keine Sorge: Schlagen Eltern in Krisensituationen die Türen, werden sie laut und enden in einer Schimpfkanonade, verhalten sie sich also reichlich unvernünftig, dann werden sie – aus Sicht ihres Kindes – nicht gleich unglaubwürdig. Im Gegenteil. Selbst kleine Kinder verstehen schon, daß auch Eltern mal Fehler machen und daß Fehler die Ausnahme von der Regel sind.

Ein Zweijähriges kann elterliches Zürnen und Zetern eher einordnen und nachvollziehen, als aufgesetzte Pseudo-Lockerheit. Es ist verunsichert, wenn Mutter und Vater »so tun, als ob«, wenn sie die Rolle »geduldige, verständnisvolle Eltern« spielen, obwohl sie innerlich kochen. Kinder haben ein feines Gespür für falsche Töne.

Wird aus dem »mal die Fassung verlieren« der Eltern allerdings ein »immer in Rage geraten«, werden sie bei jedem Konflikt laut und heftig, dann beginnt ein Kind dieses Verhalten für »ganz normal« zu halten. Es wird sich dann irgendwann an diesen Maßstäben orientieren, das Verhalten vielleicht sogar nachahmen und das kann nicht im Sinne der Erwachsenen sein.

ALS RESPEKTSPERSONEN UND AUTORITÄTEN sitzen Eltern inzwischen nicht mehr auf einem Podest, da hat sich in unserer Gesellschaft einiges geändert. Heute gehen Mütter und Väter mit ihrem Kind meist freundschaftlich und locker um. Die Folge: Sie werden von ihren selbstbewußten Kindern frühzeitig in Frage gestellt und auch ihre Erziehungsmaßnahmen werden kritisch untersucht – schon kleine Kinder schauen genau hin. Mit ihren zwei oder drei Jahren sind sie oft schon durchaus in der Lage, Widersprüche zu entdecken.

Platzt Eltern schnell der Kragen, schreien sie gleich herum, wenn sie unter Streß stehen, dann dürfen sie sich nicht wundern, wenn es ihnen Sohn oder Tochter auf Dauer nachtun. Mutter und Vater sind immer das große Vorbild – auch im Negativen

Wütend sein: Ja. Aber nicht in blinde Wut geraten

Reagieren Erwachsene auf die Gefühlsausbrüche eines Zwei- oder Dreijährigen, setzen sie sich temperamentvoll auseinander und zeigen deutlich Grenzen auf – »Ich verstehe nicht, warum du solch einen Affentanz aufführst! Ich sehe keinen Grund, sich so aufzuregen und mag mir dein Gekreische nicht länger anhören! Deshalb gehe ich ins Nebenzimmer!«, dann lassen alle – die Großen und die Kleinen – Dampf ab. Ergebnis: Die Spannung legt sich meistens nach einer Weile und die Luft ist hinterher reiner.

Wenn zwei um die Wette schreien. Katinka zerkrümelt eine Scheibe Weißbrot in hundert Brösel und wirft diese auf den Teppich. Ihre Mutter sagt mehrmals nachdrücklich: »Hör auf damit!« Katinka krümelt weiter. Schließlich brüllt ihre Mutter: »Laß das!« Die Zweijährige schreit lautstark zurück.

Bisweilen kann es schwerfallen, die Erregung zu zügeln (heftige, temperamentvolle Gemüter geraten schnell auf Hochtouren). Steigert sich die Wut, müssen Erwachsene die Kraft aufbringen, rechtzeitig gegenzusteuern. Sie dürfen die Kontrolle nicht verlieren, sich nicht zu wilder Wut hinreißen lassen. Das fällt manchmal schwer. Reagieren Eltern aber zu heftig, verstärken sie damit die Angst ihres Kindes und so auch seinen Trotz (siehe Seite 14).

Sind zu Hause sowieso schon Krisenzeiten, hängt der Haussegen schief und haben die Erwachsenen mit größeren Problemen zu kämpfen, dann reagieren sie oft überzogen auf die Tobsuchtsanfälle ihres Kleinkindes

Schuldgefühle – wenig hilfreich

Wenn der dreijährige Johann kreischt, weil er im Supermarkt nicht kopfüber in die Kühltruhe springen darf, wenn die dreijährige Sophie hinter den Badezimmerschrank kriecht und heult, weil sie heute mit dem Auto und nicht mit dem Bus in den Kindergarten gebracht werden möchte, wenn der anderthalbjährige Sebastian mit dem Kopf gegen die Wand haut, weil er die Küchenschublade nicht alleine öffnen kann, dann beginnen viele Eltern mehr an sich selbst und ihren Erziehungskünsten zu zweifeln als an ihrem Kind – selbst wenn sie noch so viel wissen über die Ursachen der Kinderwut und den Wert der Trotzphase für eine gesunde Entwicklung.

Carolas Mutter macht sich Vorwürfe. Die zweieinhalbjährige Carola holt sich im Supermarkt einen Schokoriegel aus dem Korb gleich neben der Kasse. Ihre Mutter nimmt ihr den Riegel wieder aus der Hand und legt ihn in den Korb zurück. Damit hat Carola nicht gerechnet. Außer sich vor Wut, kloppt sie mit beiden Fäusten auf ihre Mutter ein, die vor Entsetzen stocksteif stehenbleibt: Das kann nicht wahr sein – ihr liebes kleines Mädchen so aggressiv und hier vor all den Leuten! Was habe ich dem Kind getan? Wenn es mich derart vehement schlägt, muß es mich doch ablehnen! Ist diese Aggressivität eine Verhaltensstörung – habe ich mein Kind schlecht erzogen?

Selbst wenn sich Eltern immer wieder klarmachen, daß sich die kindliche Wut samt Hauen und Schreien und Treten nicht gegen sie oder ihren Erziehungsstil richtet, sondern daß der Drang nach Selbständigkeit meist Grund für diesen Zwist ist, daß sie also nicht schuld an den Trotzereien sind, reagieren sie immer wieder verunsichert auf die Wutausbrüche ihres Trotzkindes.

Was tun, wenn sich Wut fast zur Ohnmacht steigert?

Wenn ihr kleiner Engel wie ein Derwisch durchs Zimmer tobt, bis ihm die Puste ausgeht, wenn er sich dann hinschmeißt, die Luft anhält, bis er rot anläuft, oder einmal, zweimal, immer wieder mit dem Kopf gegen die Wand rennt, reagieren viele irritiert und verunsichert. Denn spitzt sich eine Trotzsituation zu, bekommen es Mütter und Väter mit der Angst zu tun und machen sich Vorwürfe: »Das hätten wir verhindern müssen!«

Ein Satz, den sich Eltern vorsagen sollten, wenn sie Gefahr laufen, zurückzuwüten: »Trotz ist kein Mittel zum Zweck, um den eigenen Willen durchzusetzen, sondern ein Hinweis darauf, daß der Schreihals in Not ist!«

Selbstbewußten
Eltern fällt es leichter, dem Kindertrotz stand-zuhalten – selbst wenn er extremere Formen annimmt. Unerfahrene lassen sich dagegen leicht verunsichern und quälen sich mit Zwei-feln: »Was machen wir bloß falsch?«

Wie denn? Trotz läßt sich nicht immer durch geschicktes Taktieren und Vorsorgen verhindern – auch wenn man sich intensiv darum bemüht (siehe Seite 38). Manchmal bricht der Vulkan einfach aus.

Luftanhalten und Dunkelrot-Werden – was so dramatisch aussieht, ist in der Regel kein Grund zur Sorge, denn das Kind beginnt nach ei-ner Weile wieder zu atmen und zwar bevor die Situation ernst wird. (Dieses Weilchen erscheint besorgten Eltern wie eine Ewigkeit. Sicher-heitshalber sollten sie während des Trotzanfalls in der Nähe bleiben! Ein feuchter Waschlappen auf der Stirn bringt den Wüterich übrigens eher dazu, Luft zu holen.)

MIT SCHULDGEFÜHLEN reagieren viele Eltern auf die Wutanfälle eines Zwei- oder Dreijährigen. Sie fühlen sich in puncto Kindererziehung als Versager, wenn sich Aggressivitäten mehren oder die Zornesausbrüche besonders dramatisch verlau-fen. Irrtum! So widersinnig es klingt: Das Trotzen ist ein Liebes-beweis. Das Kind will die allgegenwärtige Sorge seiner Eltern wahren und gerät in Panik, weil sich die intensive Nähe auf Dau-er nicht halten läßt (siehe Seite 14).

Im Affekt zugeschlagen – um Entschuldigung bitten?

Wenn die Sicherung durchbrennt. Den ganzen Nachmittag hat An-ja ihren Vater getrietzt. Sie möchte keinen Pudding, sondern Kom-pott. Sie will keinen Sonnenhut aufsetzen. Sie möchte in der Sonne spielen, aber sich nicht eincremen lassen. Anja will gar nichts. Zu al-lem sagt sie laut und deutlich »nein«. Als ihr Vater nicht lockerläßt, haut ihn Anja. Reflexartig schlägt er zurück. Anja bekommt einen Klaps auf den Po. Ihr Vater, unglücklich, daß ihm die Hand ausge-rutscht ist, entschuldigt sich bei Anja.

Trotzende Kinder hauen und schlagen, treten und boxen, üben kör-perliche Gewalt aus, manchmal auch gegen sich selbst. Bisweilen schlagen Eltern reflexartig zurück – vor allem dann, wenn sie mit ihrer

Weisheit am Ende sind, keine andere Möglichkeit mehr sehen, sich zu wehren oder sich mit dem Trotzer zu verständigen. Diese spontanen Klapse sind nicht als Strafe gemeint.

Das Zuschlagen, auch im Affekt und reflexartig, sollte ein Tabu sein. Rutscht Erwachsenen in einer hitzigen Situation die Hand aus, quält sich manche Mutter, mancher Vater mit Gewissensbissen: Nie wollten sie ein Kind schlagen. Prügel sind kein taugliches Erziehungsmittel – auch kein Klaps auf den Po. Schläge erniedrigen ein Kind. Wer Prügel bezieht, fühlt sich gedemütigt, und dieses Gefühl tut mehr weh als die Schläge. »Was für ein negatives Vorbild gebe ich ab, wenn ich mich zu Klapsen hinreißen lasse!« Mancher macht sich große Vorwürfe.

Viele Mütter, viele Väter entschuldigen sich bei ihrem Kind, wenn ihnen die Hand ausgerutscht ist: »Das hätte mir nicht passieren dürfen. Verzeih mir!« Wer sich entschuldigt, will zum ersten sicherlich sein Schuldgefühl loswerden und stellt erst zum zweiten die Frage, was solch eine Entschuldigung für einen Zwei- oder Dreijährigen eigentlich bedeutet.

Wird es von einem Erwachsenen um Verzeihung gebeten, erkennt ein Kind: Der ist gar nicht so stark, wie ich dachte. Ist vielleicht gar nicht der sichere Fels im Wasser, den ich brauche. Diese Erkenntnis kann die eigene Unsicherheit noch verstärken.

Als Großer einen Kleinen zu schlagen, ist unfair und grob. Schläge sitzen, werden oft lange oder gar nicht vergessen. Schlagen Eltern in der Hitze des Gefechts doch einmal zu, geht die Welt nicht unter. Ein Klaps auf den Po oder die Finger ist sicherlich kein Grund, sich endlos mit Schuldgefühlen zu belasten. Wichtig ist, daß die Sicherung beim nächsten Zwist nicht gleich erneut durchbrennt und sich die Schläge summieren.

Die entscheidende Frage heißt: Wie kann man die eigene Wut, Ungeduld, Angst und Verzweiflung rauslassen, ohne zerstörerisch zu wirken?

Verletzt und eifersüchtig

Nina zeigt die kalte Schulter. Die Zweijährige ist beleidigt, weil ihr ein Stück Apfel angeboten wird. Sie möchte lieber Banane essen. »Wir haben keine Banane«, erklärt Ninas Mutter. Die Welt geht unter. Nina kann sich damit nicht abfinden, daß sie keine Banane bekommt. Heulend verzieht sie sich in ihr Bett. Als ihre Mutter sie trösten will, ihr sachte und liebevoll durchs Haar streicht, wird sie mit einem lauten »Nee« unfreundlich zurückgewiesen. Verletzt zieht sich Ninas Mutter zurück: Daß ihre Tochter sich nicht von ihr trösten läßt, hat es noch nie gegeben.

Die Liebesmüh ist vergeblich. Ihr Kind wehrt sich gegen ihre Zärtlichkeiten – eine bittere Erfahrung, die Mütter und Väter schnell verunsichert. Daß ihr Streicheln und In-den-Arm-Nehmen abgelehnt wird,

Kleine Kinder sind Meister im Provozieren, ohne es bewußt darauf anzulegen. Sie wollen ihren Spielraum erweitern und testen: »Wo sind die Grenzen? Wie reagieren die anderen darauf, wenn ich sie überschreite?«

demütigt und kränkt sie. Sicherheitshalber, um sich eine weitere Abfuhr zu ersparen, gehen sie anschließend oft selbst auf Abstand: »Das will ich nicht noch einmal erleben!«

Manchmal ziehen sie sich in der Hoffnung zurück, daß ihr Kind den Kontakt wieder aufnehmen wird. »Das Ganze tut weh wie Liebeskummer!« erzählt eine betroffene Mutter.

Es trägt nicht gerade zur Entspannung bei, wenn sich das kleine Häschen in dieser Situation dem *lieben* Vater besonders zärtlich zuwendet und der *liebe* Vater besonders herzlich auf das kleine Häschen eingeht. Das Häschen, das die *böse* Mutter, die belämmert im Zimmer herumsteht, jetzt keines Blickes mehr würdigt (oder umgekehrt). In solch einer Situation muß mancher seinen ganzen Großmut zusammenkratzen und kräftig schlucken, um sich in Gelassenheit zu üben und häufig genug läßt die Übung zu wünschen übrig.

Auch wenn's noch so schwer fällt, sich in Großmut zu üben, es lohnt sich. Bitte nicht eifersüchtig und beleidigt in der Ecke schmollen und mißgünstig den Favoriten beneiden, der fröhlich mit einem plötzlich wieder sanften Kind schäkert.

EIN EWIGES WECHSELBAD, eine Achterbahn der Gefühle ist das Trotzalter nicht nur für Zwei- und Dreijährige, sondern auch für ihre Eltern. Mal himmelhochjauchzend, mal tief im Keller – die Stimmung der Erwachsenen ist meist erstaunlich wechselhaft und abhängig von der des Kindes. Fühlt es sich wohl, ist es zugänglich und fröhlich, leben sie auf. Ist es dagegen auf Konfrontation aus oder abweisend, kippt ihre Stimmung um und sie belauern ihren Sprößling: »Wann flippt er wieder aus?«

Wer trotzt, will nicht gestreichelt werden

Georg wehrt sich gegen seine übereifrige Mutter. Ein Sommernachmittag bei Freunden. Die Erwachsenen sitzen auf der Terrasse, mehrere Kinder am Ende des Gartens im Sandkasten. Der eineinhalb-

Nichts ist schlimmer als jetzt gestreichelt und in den Arm genommen zu werden. Manche Kinder wehren sich gegen jede Berührung, wenn sie vor Wut schäumen. Andere lassen sich gerne trösten und streicheln

Wehrt sich ein Kind gegen Zärtlichkeiten, bedeutet das nicht gleich Ablehnung, sondern heißt meistens: Im Augenblick ist mir nicht nach Nähe zumute

jährige Georg steht unentschlossen auf der Terrasse herum. Plötzlich marschiert er auf wackeligen Beinen los. Nach fünf Schritten Richtung Sandkasten bleibt er wie angewurzelt stehen und schaut sich ängstlich, hilfesuchend um. Sofort springt Georgs Mutter auf, rennt zu ihrem Sohn und nimmt ihn fest in die Arme. Das hätte sie besser nicht tun sollen. Außer sich vor Wut, daß sein Mut nicht reicht, um sich von den Eltern zu lösen, bekommt Georgs Mutter seinen Frust zu spüren. Er knallt ihr sein Schäufelchen auf den Kopf.

Stolze Eroberer empfinden es als Schmach, wenn sie an Grenzen stoßen. Das ist unerträglich. Noch unerträglicher: In diesem Moment wieder die Person nahe bei sich zu haben, von der man sich gerade ein paar Schritte lösen wollte. Mütter und Väter, die das nicht verstehen können und weiterschmusen, werden von ihrem Nachwuchs als aufdringlich empfunden. Ich will alleine losziehen, versteht das denn keiner?

SCHMUSEN IST KEIN ALLHEILMITTEL. Wann wollen Kinder in den Arm genommen werden und wann nicht? Manchmal ist es schwierig, das herauszufinden. Wer sein Kind genau beobachtet, sich einfühlen kann in seine Empfindungen und auf seine Signale achtet, spürt, ob ihm nach Streicheln zumute ist oder nach Distanz. Wenn sie wütend und verzweifelt sind, gehen viele Kinder gerne auf Distanz – im ersten Moment jedenfalls. Andere sehnen sich nach Halt.

Kinder nicht in ihrem Zorn belächeln

Juliane mag nicht ausgelacht werden. Die Dreijährige will partout mit dem roten Auto spielen. Aber das rote Auto läßt sich im Spielzeugkorb zwischen den gelben, grünen und blauen Autos nicht finden. Juliane besteht wütend mit lautem Gebrüll auf »Rot!« Ihr Vater kann seine Tochter in ihrer Wut nicht ernst nehmen und sagt lächelnd, in leicht belustigtem Ton: »Hör bitte auf mit dem Theater und krieg dich wieder ein. Ein grünes Auto tut's auch!« Die Folge: Juliane brüllt erst recht.

Wer ein Kind belächelt, seinen Kummer, seine Verzweiflung nicht ernstnimmt und den Wutausbruch vor ihm als »seine verrückten fünf Minuten« abtut, wer schmunzelnd über das Trotzen hinwegsieht nach dem Motto: »Dieser Kelch geht auch irgendwann an uns vorüber!« oder dem kleinen Wilden mit Ironie kommt, verschärft die Krisensituation.

Ein kleines Kind braucht Eltern, die ihm Rückhalt, Sicherheit und Zuverlässigkeit bieten. Die nicht gerade dann, wenn es erste Schritte in Richtung Selbständigkeit wagt – weg von Mutter und Vater auf unbekanntes Terrain –, von ihm abrücken und aus der Distanz, von oben herablächeln. Zweifelt es an dem sicheren Halt im Hintergrund, fühlt es sich unverstanden, dann nimmt seine Angst zu (siehe Seite 70 und Seite 86).

So klein es noch ist, will ein Kind schon ernstgenommen werden. Machen sich die Großen über sein Getobe lustig, sehen seine Verzweiflung nicht, dann ist es zutiefst verunsichert und fühlt sich doppelt elend

Behutsam mit dem Kind reden

Natürlich ist Reden Gold und Kinder möchten sich mit Erwachsenen unterhalten. Manchmal jedoch sind Worte jedoch fehl am Platz, dann ist jedes Wort schon eins zuviel. So wird ein Kind, das trotzig auf seine Eltern einschlägt oder brüllt, in seiner Erregung kaum verstehen, was sie sagen.

Chrissi will sich nichts erklären lassen. Der Junge ist heute mit dem linken Fuß zuerst aufgestanden und hat reichlich schlechte Laune mit seinen gerade mal zwei Jahren. »Nein, nich die rote Hose!« Der Tag fängt gut an, denn Chrissi will weder die rote Hose noch die blaue anziehen. Als sein Vater ihm die blaue schmackhaft machen möchte –

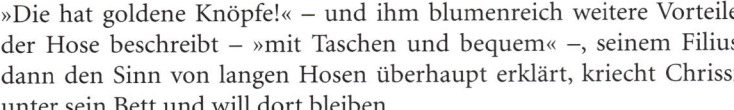

Wenn Erwachsene zu intensiv auf sie einreden, stellen Kinder ihre Ohren gleich auf Durchzug: keine Lust, sich den Wortschwall anzuhören

»Die hat goldene Knöpfe!« – und ihm blumenreich weitere Vorteile der Hose beschreibt – »mit Taschen und bequem« –, seinem Filius dann den Sinn von langen Hosen überhaupt erklärt, kriecht Chrissi unter sein Bett und will dort bleiben.

ERWACHSENE SOLLTEN der Versuchung widerstehen, mit anderen *über* ihr Kind zu reden, während es anwesend ist (auch nicht am Telefon) – und erst recht kein Wort darüber verlieren, wie schwer es fällt, mit einem provozierenden, zornentbrannten Wüterich umzugehen.

Kinder bitte nicht mit Worten zuschwallen

Viele Erwachsene zwingen sich in Streßsituationen zur Ruhe – »tief durchatmen, nicht provozieren lassen« – und reden ein Momentchen später, jetzt mühsam beherrscht, mit dem Kind. Sie erklären, beschreiben, begründen – oft in der Vorstellung, daß der Schreihals in das Gespräch einsteigen wird, nach dem Motto: »Klingt doch ausgesprochen überzeugend, was ich sage!«

Ein Kind, das sich gerade grün und blau ärgert, ist jedoch selten auf Gespräche aus. Es will kein vernünftiges Wort hören, erst recht keinen langen Vortrag und keine liebevollen Beschwichtigungen wie »Ohne Hose frierst du!« oder »Nachher wollen wir zum Einkaufen fahren. Ohne Hose kannst du nicht mitkommen!«.

Die Erwachsenen sollen ihm bitte wegbleiben mit ihrem gewaltigen Wortschwall und ihrem: »Hör doch mal zu« und »Das mußt du doch verstehen!«. Weil es in diesem Moment ganz mit seiner Wut und mit sich selbst beschäftigt ist, hat ein Trotzkind kein Ohr für die vernünftigen Erklärungen der Erwachsenen.

Erklären, miteinander reden, an die Einsicht appellieren – das ist Öl ins Feuer gießen und entfacht im Gegenteil die Mischung aus Frust und Verzweiflung erst richtig. Es verstärkt das unerwünschte Verhalten also. Wenn man mit einem zornentbrannten Kämpfer vernünftig reden will, treibt er es meist um so toller – singt und summt, plappert und plaudert und kümmert sich einen Dreck um die hehren Worte.

Den Gesprächsfaden behutsam weiterspinnen

Gar nicht mit dem Wüterich reden, ist ebenfalls keine Lösung. Verstummen die Erwachsenen ganz, bringen sie sich und ihr Kind um eine Chance. Denn selbst wenn ein Gespräch sehr einseitig verläuft, wenn sich das wütende Kind kaum daran beteiligt, macht reden in Krisensituationen Sinn, weil ein Zwei- oder Dreijähriges auf diese Weise frühzeitig lernt, daß man sich nicht nur mit Treten und Heulen verständigen kann, sondern auch mit Worten. So vorbereitet, kann es gegen Ende der Trotzphase beginnen zu lernen – dann ist es langsam fähig dazu – , daß man seine Interessen mit Worten vertreten, gemeinsam nach Lösungen suchen und Kompromisse aushandeln kann (siehe Seite 79).

Wie so oft besteht die Kunst also wieder mal darin, den goldenen Mittelweg zwischen zuviel und zuwenig zu finden.

Fazit: In Krisensituationen das Kind nicht mit einem Wortschwall überfallen, sondern kurz, knapp und sehr nachdrücklich mit ihm reden, wenn das schlimmste Getobe vorüber ist (siehe Seite 75).

Kinder klappen die Ohren zu, wenn Erwachsene zu viele Erklärungen auf sie niederprasseln lassen. Sie schalten dann einfach ab

Eltern sollten es nicht ganz aufgeben, mit ihrem Kind ins Gespräch zu kommen, selbst wenn es sich die Ohren zuhält, sondern es immer wieder vorsichtig versuchen. Auf Dauer wird es erkennen, daß Argumente wirkungsvoll sind

---

JE MEHR ERFAHRUNG SIE MIT KINDERN HABEN,

desto leichter fällt es Erwachsene mit Trotzköpfen zu reden und die Balance zu halten zwischen zu viel und zu wenig. Ein paar Grundsätze:

- Freundlich, aber kurz und knapp sprechen,
- nicht zu intensiv auf das Kind einreden,
- *mit* dem Kind reden, aber nicht an ihm vorbei,
- Zusammenhänge erklären, aber keinen langen Vortrag halten.

Wenn Kinder sich nicht trauen, Gefühle zu zeigen

In ihrer Verzweiflung greifen genervte Mütter und Väter nicht selten auf Erziehungsmethoden zurück, die sie eigentlich längst abgeschrieben haben. Vielleicht verständlich, daß ihnen manchmal, vor allem wenn sie müde und ausgelaugt sind, der Sinn mehr nach Befehlston und Ausrufezeichen steht als nach Begründungen und Geduld. Oft haben sie keine Lust oder Kraft mehr, ein Warum nachzuschieben oder ein Weil. Oder es fällt leichter, mit der Faust auf den Tisch zu hauen und »finito« oder »Ende, Schluß, bum!« zu brüllen als zu argumentieren.

Markus Mutter will einen Schlußstrich ziehen. Turnschuhe oder Sandalen – was soll er anziehen? Der dreieinhalbjährige Markus kann sich nicht entscheiden. Am rechten Fuß die Sandale, am linken den Turnschuh, sitzt er auf der Treppe und grübelt. Ungeduldig wird Markus von seiner Mutter zur Entscheidung gedrängt. »Turnschuhe oder Sandalen – was denn nun?« Als Markus nicht gleich antwortet, zieht ihm seine Mutter die Sandale vom Fuß, räumt die Sandalen in den Schuhschrank und sagt: »Du ziehst die Turnschuhe an – Schluß, aus!« Markus antwortet mit dem schlimmsten Tobsuchtsanfall, den er je hatte.

Früher hatten Kinder brav zu sein. »Dickköpfigkeit« und »Eigensinn« wurden wenig geschätzt. Aufmucker brachte man »zur Räson«. Ihnen wurden die »Flausen ausgetrieben«, indem man ihren Willen brach und sie zu Gehorsam zwang. Die Ansichten haben sich geändert. Heute verfügen Eltern seltener autoritär über ihren Nachwuchs. Kinder leben nicht mehr in Angst und Schrecken vor den Erwachsenen – zum Glück.

Werden sie mit einem strengen »Aus – basta« oder »Schluß mit dem Zirkus!« abserviert und wie Gegenstände hin- und hergeschoben, dann wehren sich heute die meisten. Sie wollen, daß ihre Interessen gesehen und ihre Pläne respektiert werden.

Gehen die Erwachsenen dauernd über ein Kind hinweg, schieben seine Bedürfnisse zur Seite, vollziehen nicht nach, womit es sich beschäftigt, dann fühlt es sich ausgegrenzt, unbedeutend und klein: Meine Wünsche zählen sowieso nicht (siehe Seite 26).

Verfügen Eltern einfach über ihr Kind, gehen sie oft ruppig über seine Bedürfnisse hinweg, schüchtern sie es ein, schnell kommt ihm zu Bewußtsein: Ich habe hier keine großen Rechte

WIRD EIN ZWEIJÄHRIGER RABAUKE ständig autoritär in seine Schranken gewiesen, fühlt er sich doppelt elend:

- Zum ersten, weil er seine Aggressionen selbst nicht einordnen kann und darunter leidet. (Trotzanfälle erschöpfen ein Kind.)
- Zum zweiten, weil er bei den Erwachsenen in seiner Not nicht auf Verständnis stößt, sondern auf Ablehnung.

Die Folge: Mit der Zeit traut er sich immer weniger, seine Verzweiflung offen zu zeigen und versucht eher, den strengen Eltern aus dem Weg zu gehen. Das mindert seine Verzweiflung nicht, sondern verstärkt sie.

Wird ein Kind häufig schroff zurechtgewiesen und kleingemacht, verliert es das Vertrauen in die Erwachsenen, kuscht bald vor ihnen und geht nicht länger offen auf sie zu

Liebesentzug – unerträglich für ein Kind

Einfach einen Schlußstrich ziehen?

Franziska ist sauer, als ihr im Supermarkt verboten wird, das Regal gleich neben der Kasse leerzuräumen. Ihre Mutter läßt sich auf kein längeres Wortgeplänkel ein, sondern klemmt sich das strampelnde, schreiende Bündel Wut ruckzuck unter den Arm und bringt das Päckchen schnurstracks ins Auto. Sie schaut ihr Kind nicht an, redet nicht mit ihm – während der gesamten Heimfahrt nicht, obwohl Franziska schluchzt und nicht aufhören kann zu heulen.

Die Zweijährige schnappen, ins Auto expedieren, dann eisern schweigen und bloß keinen Blick riskieren – si-

Auch wenn Beruhi-
gungsversuche nicht
unbedingt nützen, sich
das Kind sträubt, feste
in die Arme genommen
zu werden, tut es ihm
gut zu wissen: Da ist
jemand, der möchte
mich trösten

cherlich kann man nachvollziehen, warum Eltern auch zu untaugli-
chen Mitteln greifen, wenn sich die Wut- und Trotzattacken ihres Kindes mehren. Das ohrenbetäubende Gebrüll, Fäustetrommeln, Füße-
stampfen oder Auf-den-Boden-Schmeißen ist oft wahrlich schwer
auszuhalten (siehe Seite 8). Außerdem strengt es an, sich immer
pädagogisch sinn- und wirkungsvolle Strategien gegen immer neue
Konflikte auszudenken. Manchmal mangelt es an der nötigen Kraft
oder auch Lust, sich zu engagieren. Wieviel unkomplizierter ist es,
einfach zu schweigen, den Konflikt auszusitzen und dem Trotzkind
damit zu signalisieren: Wenn du nicht funktionierst (wie ich's gerne
hätte), brauchst du auf mich nicht zu zählen. Alles vielleicht zu verstehen, aber trotzdem falsch. Denn ein Knirps braucht gerade jetzt liebe-
volle Erwachsene, wenn er außer sich gerät und nicht klarkommt mit
seinen Gefühlen. Sie sollten ihm durch ihre Blicke, Gesten und Worte
zeigen: Wir haben dich lieb und daran ändert sich nichts – egal, was
du tust! (siehe Seite 68). Sie müssen ihm gleichzeitig aber auch ver-
deutlichen, daß sie mit seinem Getobe und Gekreische nicht einverstanden sind (siehe Seite 86).

Wird ein Kind dagegen in seiner Not alleingelassen, dann macht
ihm die Kühle, die Unnahbarkeit der Erwachsenen zusätzlich zu
schaffen – und wie. Es fühlt sich verloren, einsam und verlassen: Niemand da, der Verständnis für seine Verzweiflung zeigt. Keiner in Sicht,
an dem es sich festhalten könnte – eine gräßliche Erfahrung, die sich
tief eingräbt. Liebesentzug ist eine der schlimmsten Strafen, kaum zu
verkraften für ein Kind. Zurück bleibt das dumpfe Gefühl: Auf meine
Eltern ist kein Verlaß. Sie lassen mich allein.

Aber nicht nur mit Liebesentzug werden bockige Kinder bestraft,
sondern zum Beispiel auch mit
- Fernsehverbot,
- Nachtischverweigerung,
- Ins-Bett-Schicken.

ALLEINGELASSEN WERDEN, wenn man Kummer hat,
ist mehr als eine Strafe. Liebesentzug heißt für ein Kind: Ich
kann mich nicht darauf verlassen, daß meine Eltern für mich da
sind, wenn ich ihren Trost und ihre Zuwendung besonders drin-
gend brauche.

Es sei dahingestellt, ob Strafen überhaupt und wenn ja, wann Sinn machen. Tobsuchtsanfälle während der Trotzphase lassen sich damit ganz bestimmt nicht unterbinden. Denn – und das können sich Eltern nicht oft genug sagen: Trotz ist kein Ungehorsam, kein »normaler« Wutanfall, den ein Kind steuern könnte, würde es sich nur ein wenig zusammenreißen. Trotzausbrüche kommen mit Macht über ein Kind.

Es hat keine Wahl: Sie sind einfach da. Ein Zwei- oder Dreijähriger ist nicht fähig, sich zusammenzureißen. Diese Kunst beherrscht er einfach noch nicht (siehe Seite 8).

Machtkämpfe: kein Mittel gegen Trotzausbrüche

Wenn nicht mit Schimpfen, Strafen, Reden – wie soll man einem Kind dann beikommen, das allzeit bereit ist, sich wild tretend und brüllend,

auf den Teppich zu schmeißen, mit den Beinen zu strampeln, das völlig von der Rolle ist und absolut nicht einsehen mag, warum es nicht kann oder darf, was es will? Oder mit funkelnden Augen die Erwartungen der Erwachsenen an sich abperlen läßt und mit zusammengebissenen Zähnen Verbote ausdauernd ignoriert? (Was nicht weniger belastend für Eltern ist.) Eine Menge Eltern versuchen dem Spuk mit Macht ein Ende zu machen: »Wir wollen doch mal sehen, wer hier länger brüllt!«

Im Alltag ergeben sich hundert Gelegenheiten für Machtkämpfe – besonders viele um den zweiten Geburtstag herum, auf dem Höhepunkt der Trotzphase.

Ist die Atmosphäre aufgeheizt, fällt es schwer, Kompromisse zu schließen oder nach Ablenkungsmanövern zu suchen (siehe Seite 90)

Wie sieht ein Machtkampf zwischen einem Erwachsenen und einem Zwei- oder Dreijährigen aus? Oft artet er in ein endloses Palaver aus, begleitet von Gebrüll und Geschimpfe, Strafandrohungen und Toben.

- »Ich will Pudding kochen!« »Du kannst keinen Pudding kochen!« »Kann ich doch!« »Kannst du nicht!« »Wenn du nicht einsiehst, daß du noch nicht alleine Pudding kochen kannst, dann…!«
- »Ich will Schuhe anziehen!« »Du kannst noch keine Schleife binden. Deshalb kannst du deine Schuhe nicht alleine anziehen!« »Kann ich doch!« »Kannst du nicht!« »Wenn du dir jetzt nicht helfen läßt, dann…!«

Und dann… Was dann? Was macht man mit einem kleinen Kind, das nicht aufhören will zu palavern? Das, wenn der erste Kampf gerade ausgestanden ist, gleich den zweiten, den dritten anzettelt. Kämpfe ohne Ende.

Zweijährige sind ausdauernde Kämpfer

Bei jedem Machtkampf heißt die Devise: Wer kann seinen Willen am besten durchsetzen? Wer hat die meiste Energie? Daß die Großen bei einem Machtkampf von vornherein am längeren Hebel sitzen, ist ein Irrtum. Oft sind die kleinen Wilden Meister im »Ringkampf« und haben den längeren Atem. Für Zwei-, Drei- und Vierjährige hat es durchaus seinen Reiz, den eigenen Willen zu entwickeln, zu üben und zu testen. Deshalb haben sie auch oft ihren Spaß daran, sich auf Machtproben mit anderen einzulassen: »Mal sehen, wer sich hier durchsetzen kann!«

Der Ausgang von familiären Machtkämpfen ist also ungewiß. Macht das vielleicht den Reiz aus? Ist die Spannung der Grund, warum man so leicht in diese Falle tappt?

Eingreifen oder ignorieren – was soll Mickis Mutter tun? Micki möchte Kirschjoghurt essen. Als er feststellt, daß in seinem Joghurt keine Kirschstückchen sind, prustet er seiner Mutter den Joghurt ins Gesicht. Als sie ihren Sohn daraufhin in sein Zimmer bringt, trommelt er mit beiden Füßen gegen die Tür.

Geht sie darüber hinweg, schmeißt er sein sämtliches Spielzeug aus den Regalen und will nicht in seinem Zimmer bleiben. Mickis Mutter fühlt sich schlichtweg machtlos. »Soll ich die Tür verbarrikadieren? Wie soll ich reagieren? Den Zirkus, den mein Sohn veranstaltet, kann ich doch nicht einfach ignorieren!«

Sich aufplustern, die Muskeln spielen lassen, die Kräfte messen. Einen Machtkampf ausfechten – für die einen ein Graus, für die anderen durchaus eine reizvolle Angelegenheit: mal ausprobieren, wer am längeren Hebel sitzt

Wenn der Knabe die Muskeln spielen läßt und seine Mutter unsicher danebensteht, dann spürt er seine Macht und merkt, daß er die Szene beherrscht. Micki denkt nicht gezielt darüber nach, wie er seiner Mutter eins auswischen könnte, als er ihr den Joghurt ins Gesicht prustet, sondern ergreift die erstbeste Gelegenheit, die sich ihm bietet. Kleine Kinder spielen ihre Macht ganz instinktiv aus.

Natürlich geht jeder auf die Palme, wenn er angespuckt oder getreten wird. Wütend, hilflos oder gedemütigt und verletzt wehrt man sich, müde der ewigen Kraftproben: »Ich kann mir diese Herausforderungen nicht ewig bieten lassen. Ich muß mich zur Wehr setzen!« Schließlich läßt man sich auf das Machtspiel ein.

Viele werden aktiv, weil sie glauben, irgend etwas tun zu müssen. Bloß nicht die eigene Hilflosigkeit dokumentieren, dann hat man schon verloren. Also wird etwas getan – meist ohne allzu große Überzeugung: Ein Strafe wird verhängt, ein Machtwort gesprochen.

Ein Kind spürt genau, wie ohnmächtig und unglücklich sich die Großen in diesem Moment fühlen, wie wenig überzeugt sie von ihrer Lösungsstrategie sind, und das enttäuscht. Sind die Erwachsenen etwa doch nicht die Großen, die Starken zum Festhalten?

Kinder manchmal mit Absicht gewinnen lassen?

Für manche Mütter, manche Väter haben Machtkämpfe mit ihrem Sprößling ihren eigenen Reiz. Sie machen bewußt eine Übung, ein Spiel daraus: »Mal sehen, wie sich unser Sohn, unsere Tochter durchsetzen kann.«

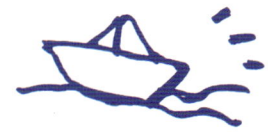

Pablo darf gewinnen. Ein gemeinsamer Ausflug steht an. Pablo möchte in den Zoo, sein Vater in die Stadt. Der Vater reagiert nicht begeistert auf den Zoovorschlag: »Nee, wieso denn, habe keine Lust, ist doch langweilig…« Er weiß, macht er ihm den Zoo mies, reizt er seinen Sohn zur Weißglut. Noch ein paar Reizsätze und Pablo boxt seinen Vater, bearbeitet ihn mit Händen und Füßen und will nur noch »Zoo«. Er kämpft wie ein Löwe und schließlich hat sein Vater Erbarmen mit ihm: »Ok, wir gehen in den Zoo!«

Manche Eltern inszenieren Machtkämpfe als Trimmspiel. Das Kind soll dabei seinen Willen schulen, lernen sich durchzusetzen. Sie lassen es absichtlich gewinnen, um ihm ein Erfolgserlebnis zu verschaffen:

Mit dem eigenen Sprößling einen Machtkampf ausfechten – für manche Erwachsene ist das Training: »So lernt unser Kind frühzeitig, sich durchzusetzen!«

»Ich bin ganz schön stark!« Der kleine Fighter lernt: »Ich kann mich mit Händen und Füßen, mit Gewalt durchsetzen!« Keine gute Idee.

Eltern sollten konsequent bleiben. Sonst werden aus den Trotzanfällen bald gezielte Manöver: Das Kind versucht seine Eltern zu erpressen.

In der Familie keine Sieger und keine Verlierer ausrufen

Machtkämpfe enden selten unentschieden, meistens gibt es einen Gewinner und einen Verlierer.

Gewinnt das Kind den Zweikampf, fühlt es sich meist nicht allzu siegesgewiß. Denn geben die Eltern schließlich nach, kommt es mit seinem Zornesausbruch ans Ziel seiner Wünsche, dann heißt das im Klartext: Die Großen sind schwächer als ich dachte. Zeigen sich Erwachsene zu nachgiebig, kann das in einem Kind den Wunsch nach konsequenterem und klarerem Verhalten wecken. Erst hüh, dann hott – was gilt denn nun?

Ein Wackelkurs reizt manchen Querkopf, erneut zu überprüfen, wo die Grenzen sind: Wie kann ich die Erwachsenen dazu bringen, mir Paroli zu bieten? Die nächste Trotzattacke ist damit vorprogrammiert.
Verlieren die Eltern den Machtkampf, kapitulieren sie vor der geballten Wut ihres Sprößlings: »Du kannst machen was du willst, Hauptsache, du gibst endlich Ruhe!« Bei den Eltern bleibt ein schales Gefühl zurück: Wir haben gepaßt, den Konflikt nicht durchgestanden und sind so unserer Verantwortung nicht gerecht geworden.

Verliert das Kind dagegen den Machtkampf, spielen die Erwachsenen ihre Macht aus und muß sich der kleine Kämpfer dieser Macht beugen, ist das ein Rückschlag auf seinem Weg zum Selbständigwerden, der auf Dauer Folgen haben kann. Vielleicht läßt sich das Kind durch solche Erfahrungen einschüchtern und gibt auf: »Hat ja doch keinen Zweck, nach den Sternen zu greifen, ich werde sie nie erreichen. Warum also Luftsprünge machen? Es tun sich ja doch überall Gräben auf, die ich nicht überwinden kann.«

Sind die Eltern Gewinner der Auseinandersetzung, können sie sich über ihren Sieg meistens nicht richtig freuen: Es ist nicht unbedingt angenehm, sich mit Macht durchgesetzt zu haben.

Kinder haben unbän-
dige Kräfte und setzen sie auch ein. Eltern kapitulieren manchmal vor so viel geballter Energie

Kinder brauchen im Trotzalter die Hilfe und Unterstützung der Erwachsenen. Eltern dürfen keine Gegner sein, mit denen sie um Macht und Einfluß ringen

SIND KINDER IN KÄMPFEN mit den Erwachsenen häufig die Unterlegenen, werden sie mit Macht in ihre Schranken gewiesen, zählt ihre Meinung nicht, dann resignieren sie mit der Zeit: »Nützt nichts, daß ich mich für meine Belange einsetze. Ich habe kaum eine Chance, mich durchzusetzen.« Häufen sich ihre Niederlagen, versuchen sie wahrscheinlich gar nicht mehr zu argumentieren und geben auf, bevor sie überhaupt alt genug sind, das Argumentieren zu lernen und sich mit Hilfe von Worten auseinanderzusetzen.

Einen Bogen um alle Sackgassen machen

Ganz egal, wie sich die Kontrahenten schließlich zusammenraufen, im Verhältnis von Erwachsenen und Kindern sollte es keine Sieger und Verlierer geben, denn das belastet die Beziehung, verstärkt den Frust auf allen Seiten und dient nicht dem Familienfrieden. Machtkämpfe sind ein untaugliches Mittel, Konflikte zu lösen.

Wenn Schimpfen, Strafen, Zurückbrüllen, Machtkämpfe, wenn alles zusammen erwiesenermaßen in die Sackgasse führt, bleibt vor allem, sich in Gelassenheit zu üben. Das Einzige, was helfen kann, sind sanftere Methoden: eben nicht mit Macht vorwärtspreschen und die eigene Überlegenheit ausspielen, sondern einerseits behutsam auf den Seelenzustand des Kindes einzugehen, andererseits aber im Umgang mit dem Trotzkopf konsequent eine Linie zu verfolgen und klare Grenzen setzen (siehe Seite 72).
Machen sich Eltern die Mechanismen klar, die Konflikte verschärfen, statt sie zu entspannen, gelingt es vielleicht eher, ein paar der gravierendsten und klassischen Fehler um Umgang mit einem Trotzkind zu vermeiden oder diese Auseinandersetzungen mit anderen Augen milder zu sehen – die eigenen Unzulänglichkeiten eingeschlossen. So fällt es schon leichter, ein Stück gelassener zu bleiben (siehe Seite 86).

III. DAMIT SICH DER TROTZ IN GRENZEN HÄLT

Trotz läßt sich nicht verhindern – und das ist auch gut so, denn das Trotzalter ist eine wichtige Entwicklungsphase. Verabreden Eltern bei aller Freiheit klare Regeln und sorgen für ein gutes Klima, wird der Trotz nicht zu üppig wuchern

Schon im Vorfeld sachte gegensteuern

Dem Trotz vorbeugen, das heißt: sich einfühlen in einen Ein-, Zwei-, Dreijährigen, seine Bedürfnisse wahrnehmen

Erwachsene können nicht jeden Wutanfall verhindern und sollten es auch nicht. Zorn und Zoff gehören schließlich zum Leben. Aber die schlimmsten Attacken lassen sich vermeiden, wenn Mütter und Väter mitdenken, vorausschauen und einige Vorsorgemaßnahmen beherzigen, die den Familienfrieden sichern.

Charly vergißt die Welt um sich herum, wenn er spielt. Wird er gestört, reagiert er mit Trotz und Wut. Weil sie weiß, wie empfindlich ihr Sohn sein kann, wenn er gestört wird, versucht seine Mutter zu verhindern, daß er gerade dann ein neues Spiel beginnt, wenn eine Unterbrechung abzusehen ist, zum Beispiel gleich das Mittagessen auf dem Tisch steht.

Je mehr Gedanken sie sich machen, je mehr Strategien sie entwickeln, wie sie dem Protestgebrüll schon im Vorfeld – vor und in der Anfangsphase des Trotzalters – entgegenwirken können, je besser sie vorsorgen, desto geringer die Angriffsfläche, die das Zusammenleben bietet. Viele klassische Reizthemen existieren dann gar nicht erst. Die Folge: Das Kind hat weniger Grund, auf die Barrikaden zu klettern und sich gegen die Allmacht der Erwachsenen aufzulehnen.

> AUCH WENN ELTERN NICHT VORAUSAHNEN können, wann ihr rebellischer Zwerg wieder ausflippen und mit ohrenbetäubendem Gebrüll protestieren wird, können sie durch häufiges Vorausdenken und geschicktes Vorsorgen manchen Zornesausbruch verhindern.

Kinder ernst nehmen

Ein stabiles inneres Gleichgewicht macht das Leben leichter und ist ein Polster, von dem man in Krisenzeiten – etwa im Trotzalter und in der Pubertät – zehren kann. Wer sich seiner selbst sicher ist, läßt sich in Krisenzeiten weniger leicht irritieren und hat Angst und Frust mehr entgegenzusetzen.

Wie kann ein Kind Selbstwertgefühl und inneres Gleichgewicht entwickeln?

- Es braucht Eltern, die eine gute Beziehung zu ihm anstreben, getragen von Vertrauen und Liebe, Toleranz und Verständnis füreinander. Die sich an ihrem Kind freuen und seine Nähe genießen, es aber nicht vereinnahmen und zu eng an sich binden. Die an seiner Entwicklung interessiert sind. Die ihm zu verstehen geben: Du darfst toben, brüllen und mußt nicht fürchten, daß das unsere Liebe zu dir gefährdet.
- Es braucht Eltern die zuverlässig sind. Ein Kind muß wissen, daß es sich auf das, was Mutter und Vater sagen, verlassen kann. Ein Kind muß wissen, woran es ist.
- Es braucht Eltern, die viel schmusen. Die zärtlich und liebevoll sind. Die Nähe zulassen und genießen. Die Wärme und Herzlichkeit ausstrahlen.
- Es braucht Eltern, die sich ihrem Kind zuwenden. Die sich für seine Belange interessieren und einsetzen. Die ihm die Welt erklären (siehe Seite 79) und zeigen. Die sich ausreichend Zeit nehmen für ihr Kind. Die viel loben.

Ein Kind kann nur zufrieden und ausgeglichen sein, wenn es ab und zu ein Lob einheimst oder wenigstens Anerkennung erntet. Auch wenn Eltern ganz genau wissen, wie gut ihrem Kind uneingeschränktes Lob tut, im Alltagsgetriebe fällt das Loben oft flach. (Schimpfen scheint einfacher zu sein.)

Die wichtigsten Punkte beim Loben:
- Die guten Absichten loben, etwa beim Helfen im Haushalt – selbst wenn das Ergebnis noch zu wünschen übrig läßt.
- Die Fortschritte in der Entwicklung wahrnehmen und loben.

- Ein Kind braucht Eltern, die es in seiner Persönlichkeit achten und kein Objekt in ihm sehen. Die seine Eigenständigkeit schätzen. Die seine Entwicklung zur Individualität fördern, denen es also nicht vor allem um Anpassung geht.

- Es braucht Eltern, die Einfühlungsvermögen zeigen. Die nicht zuerst ihre eigenen Vorstellungen (ihren Ehrgeiz) sehen oder die Leistungen, die ihr Kind bringt, sondern sein Wesen. Die ihr Kind verstehen und mitfühlen, wenn es verzweifelt oder ängstlich ist und sich deshalb nur noch in einen Trotzanfall retten kann.

Kinder sind keine kleinen Wichte, die fernab in einer extra Kinderwelt leben, sondern Individuen, die in ihrer Einzigartigkeit geachtet werden möchten

Sind Eltern ihrem Kind zuverlässige Partner, liebe- und verständnisvoll, wirkt sich das positiv auf das Verhalten des Kindes aus. Gerade im Trotzalter, in dieser schwierigen Entwicklungsphase, sind Eltern oder andere Betreuungspersonen besonders und rund um die Uhr gefragt. Zwar ist die Babyzeit endgültig passé und das Kind verfügt nun über viele neue Fertigkeiten wie sprechen, laufen, spielen, aber es gelingt ihm noch nicht, Können und Wollen unter einen Hut zu bringen. Es braucht die Hilfe der Erwachsenen und ihre Zuwendung also mehr denn je, um sich gesund zu entwickeln.

Versuchen, ein brauchbares Vorbild zu sein

Daß Rabaukengebrüll und Um-sich-Schlagen nicht die richtigen Mittel sind, durchs Leben zu kommen, zeigen Mütter und Väter am besten durch ihr Vorbild. Üben sie sich schon zu Babyzeiten ihres Kindes in Gelassenheit, gelingt es später, in heftigeren Krisenzeiten eher, die eigenen Gefühle bewußter wahrzunehmen und sie einigermaßen unter Kontrolle zu halten. Erwachsene, die bei Konflikten sachlich bleiben, können in Streßsituationen
- Nähe und Trost bieten,
- ihre Kräfte bündeln,
- sich auf das Kind einstellen und versuchen, ihm zu helfen.
Wer dagegen in erster Linie mit sich selbst und seiner eigenen Wut kämpft, kann weniger zur Entspannung der Situation beitragen (siehe Seite 38 und Seite 86).

Viel Freiheit lassen

Auch wenn sie ihnen viele Freiheiten lassen möchten, also die besten Absichten haben, schränken Eltern ihre Kinder immer wieder ein – oft unnötig. Selbst wenn sie viel erklären, geduldig nachfragen, ihr Kind in Entscheidungen einbeziehen, letztlich bestimmen sie im wesentlichen, was in der Familie zu geschehen hat, und die Kinder müssen sich fügen.

Wer den Freiraum der Kinder einschränkt, sollte sich selbst häufig überprüfen – muß sein, was ich erwarte:

- Muß das Mittagessen *wirklich jetzt* auf den Tisch kommen? Oder wäre es auch eine halbe Stunde später möglich, damit die Tochter ihren Turm noch fertig bauen kann?
- Muß der Sohn *wirklich jetzt* ins Bett? Oder ließe sich das Gute-Nacht-Sagen nicht doch um ein halbes Stündchen verschieben, damit er seinen Lieblingszeichentrickfilm noch zusammen mit dem Papa im Fernsehen anschauen kann?

Kinder brauchen ausreichenden Spielraum

Kinder brauchen Freiheit, um sich gesund zu entwickeln. Nur wenn sie über ausreichend Spielraum verfügen, können sie ihre Experimente in aller Ruhe machen und herausfinden, ob

- der Teddy im Waschbecken schwimmt,
- die Plastikente in die leere Milchflasche paßt,
- das Sofa fünf Minuten Dauerspringen aushält.

Dürfen sie weitgehend ungestört experimentieren und sich austoben, dann erfahren sie, daß sich ihre Ziele mit Geduld und Ausprobieren besser erreichen lassen als mit Macht und Gewalt. Leider sind Kinder heute überall eingeengt: Die Wohnungen sind oft klein und hellhörig, die Spielplätze öde und langweilig, die Städte und Dörfer gefährlich. Gelingt es Eltern, einen Ausgleich zu schaffen und den Spielraum ihres Kindes zu erweitern, wirken sie dem Kinderfrust damit ein Stück entgegen, und manche Verzweiflungsaktion läßt sich so verhindern. Viele Konfliktfelder kann man mühelos beseitigen:

- Die Kochbücher, die der Filius freudig auseinanderpflückt, werden ein Regal höher geräumt.
- Die weiße Bettüberdecke, die die Tochter gerne mit roten Filzstiften bemalt, wird für eine Weile weggepackt.
- Das gute Porzellan kommt alltags nicht auf den Tisch.

Wie können Mütter und Väter den Spielraum erweitern, um ihrem Nachwuchs mehr Bewegungsfreiheit zu verschaffen?

- Viel nach draußen gehen – bei Wind und Wetter.
- Die Wohnung kinderfreundlich gestalten: Was kostbar ist, wegräumen.
- Viel mit dem Kind unternehmen, für Abwechslung sorgen.

- Bekanntschaften pflegen: Das Kind mit anderen Kindern zusammenbringen.

Ein kleines Kind trotzt, weil es Angst hat, die Nähe seiner Eltern zu verlieren, wenn es sich selbständig macht. Ist es eingebunden in einen Kreis von Menschen, hat es Geschwister, Verwandte, Freunde um sich, fühlt es sich gut aufgehoben und das hilft häufig gegen die Angst (siehe Seite 14).

Die meisten Kinder mögen Besuch oder gehen gerne andere besuchen. Nur immer mit Mami und Papi zusammensein – mit oder ohne Geschwister –, das verschärft die Konflikte nicht selten. Abwechslung tut der ganzen Familie gut.

Die Angst vor der Selbständigkeit lindern

Je mehr Mütter und Väter ihr Kind ermuntern, zu Hause mitzuhelfen, ihm zutrauen stückchenweise Verantwortung zu übernehmen, desto leichter fällt es ihm, selbstsicher zu werden, sich vom Rockzipfel seiner Mutter zu lösen und loszumarschieren – ohne Angst.

Leider muß die Freiheit auch Grenzen haben

Es steht jedoch außer Frage, daß der Freiraum notgedrungen eingeschränkt ist und Eltern einem Zwei- und Dreijährigen einiges verbieten müssen.

Bisweilen sind diese Verbote lebenswichtig:
- »Du darfst nicht auf die Straße laufen!«
- »Du darfst mit deinem Dreirad nicht den Garten verlassen!«
- »Du darfst nicht allein in die Werkstatt gehen!«

Andere Verbote sichern den Familienfrieden:
- »Du darfst nicht die Gläser aus dem Geschirrschrank nehmen!«
- »Du darfst deiner Schwester nicht den Teddy wegnehmen!«
- »Du darfst nicht auf alle Knöpfe der Stereoanlage gleichzeitig drücken!«

Mit Mami und (oder) Papi allein sein, das ist zu wenig. Ein kleines Kind fühlt sich wohler, wenn es mehr Menschen um sich hat

Fördern Elten frühzeitig die Selbständigkeit ihres Kindes tun sie gleichzeitig etwas gegen den Trotz

Je mehr Einschränkungen seiner Freiheit ein Kind hinnehmen muß, desto häufiger wird es sich wütend gegen sie auflehnen

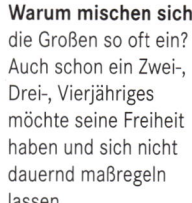

Warum mischen sich die Großen so oft ein? Auch schon ein Zwei-, Drei-, Vierjähriges möchte seine Freiheit haben und sich nicht dauernd maßregeln lassen

AUF EIGENE FAUST wollen Kinder die Welt erkunden. Um das zu schaffen, ist Durchhaltevermögen gefragt und ein gutes Maß an Willensstärke hilfreich. Nur den Erwartungen der Erwachsenen entsprechen, sich alles vorschreiben lassen, das bringt ein Kind nicht vorwärts. Das Streben nach Eigenständigkeit beginnt schon im Kleinkindalter. Für Eltern besteht die Kunst darin, den Forscherdrang mal zu unterstützen und mal zu bremsen – je nachdem. Es kommt darauf an, die Balance zu halten.

Kinder wehren sich gegen zu starke Einschränkungen

Prasseln immer neue Maßregeln auf ein Kind nieder, bekommt es hundertmal »Du darfst nicht!« und »Nein« zu hören, sieht es die Welt vor lauter Gebots- und Verbotstafeln nicht mehr. Es schützt sich gegen diese Überfülle, denn eine unüberschaubare Menge an Verboten kann kein Mensch im Gedächtnis behalten. Nehmen die Regeln überhand, geraten kleine Menschen unter Druck. Je perfekter und umfassender das Familienleben geregelt ist, desto intensiver meist der Drang eines Kindes, sich über die Normen hinwegzusetzen. Sie werden widerspenstig, mucken auf, halten sich an überhaupt keine Vorgaben mehr und fordern die Erwachsenen heraus:

- Sie fuchteln mit dem Messer in der Luft herum.
- Sie schmeißen die Tonne mit der Wäsche um.
- Sie zerkrümeln den Keks auf dem Teppich.
- Sie werfen ihr Spielzeug durchs Zimmer.

All das sind keine Zeichen von Böswilligkeit, sondern Hinweise auf ihre Unsicherheit. Sie kommen nicht klar mit dem zu großen Regelwerk (siehe Seite 26).

Kinder brauchen klare Regeln – einen Rahmen, an dem sie sich orientieren, ein Gerüst, an dem sie sich festhalten können. Aber sie wollen nicht »eingekastelt« werden

> STÜRMEN ZU VIELE MASSREGELN auf ein Kind ein, fühlt es sich überfordert, überreizt, eingeengt durch immer neue Eindrücke und durch neue Grenzen, die ihm gesetzt werden. Es wehrt sich – so klein es auch noch sein mag – gegen die ewige Bevormundung: brüllt, tritt und schlägt um sich – ist ein zornentbranntes Bündel Verzweiflung, das seinen Eltern wütend Contra gibt (siehe Seite 9).

Weniger Ver- und Gebote, weniger Grenzen sind mehr. Je geringer die Anzahl der Regeln, die sich ein Kind merken muß, desto größer die Aufmerksamkeit des Adressaten: Ein paar Richtlinien kann sich jeder merken. Die Summe der Verbote ist also entscheidend.

Ver- und Gebote begründen – eine Hilfe für alle

Erwachsene sollten sich also genau überlegen, wo sie Freiheiten lassen können, wann sie Grenzen setzen müssen und warum. Schränken sie nicht ab und zu aus Willkür, Bequemlichkeit oder Gewohnheit ein?

Punkt 1: Bevor sie Anordnungen treffen, sollten sie sich fragen, ob diese ein Kind wirklich überzeugen können.

- Eine Mutter, die ihrem Kind einen Keks verweigert – »Nicht schon wieder essen. Du hast doch gerade erst Mittag gegessen« –, die sich gleichzeitig aber selbst einen Kaffee kocht, obwohl sie gerade ein Glas Wasser getrunken hat, wird in den Augen des Keksessers unglaubwürdig: Da stimmt was nicht!

Punkt 2: Muß auf die Einhaltung eines Verbots beharrt werden oder könnte man nicht auch mal Fünfe gerade sein lassen – dem Familienfrieden zuliebe?
Ist es wirklich so schlimm, wenn ihr Sprößling

- sich direkt vor dem Mittagessen noch einen Müsliriegel aus der Dose fischt (verboten),
- mit Straßenschuhen ins Kinderzimmer entwischt (verboten).

Daß Eltern aber nicht ungerührt zuschauen, wenn die zweijährige Tochter eine Säge aus dem Werkzeugkasten zieht, oder stillhalten, wenn der Sohn eine Mehltüte in der Küche ausleert, sondern noch im selben Moment laut »Stop« schreien, ist sicherlich nachvollziehbar.

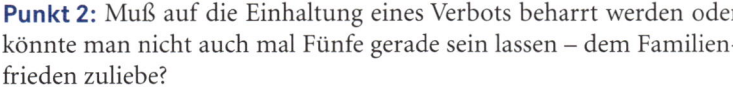

NICHT NUR DIE BELANGE ihres Sprößlings sollten Eltern im Augen haben, sondern auch ihre eigenen. Ein Zweijähriger kann lernen, daß er nicht der Mittelpunkt ist, um den sich alles dreht, daß er manchmal zurückstecken muß, weil seine Eltern Vorrang haben. Vielen fällt es schwer, sich von ihrem Kind abzugrenzen.

Nicht nur Kinder, auch Erwachsenen brauchen Freiräume – gerade jetzt in diesen Streßzeiten –, um neue Kräfte zu tanken. Manchmal fällt es schwer, sich von dem Kleinen abzugrenzen – vor allem, wenn sich das Kind dagegen wehrt

Glaubwürdig und konsequent bleiben

Nicht nur die Kleinen, sondern auch die Großen, die Regeln aufstellen und Verbote erlassen und auf ihre Einhaltung pochen, müssen das, was sie festlegen, ernstnehmen und dürfen nicht mit einem lässigen »Was interessiert mich mein Geschwätz von gestern« oder »Es gibt Wichtigeres!« darüber hinweggehen. Hier steht wieder mal ihre Glaubwürdigkeit auf dem Spiel. Selbst wenn's unbequem ist und sie keine Lust auf Auseinandersetzungen haben, sollten sie in der Regel auf der Einhaltung von Verboten bestehen – auch dann, wenn ein Kind versucht, sie immer wieder mit aller Macht aus den Angeln zu heben und dabei erstaunliche Kräfte entwickelt (siehe Seite 8).

Klar, eindeutig und unkompliziert sollten Eltern reden und handeln. Das bedeutet nicht, daß sie streng und unnachgiebig sein müssen

Bleiben Eltern konsequent bei ihren Vorgaben, weiß ihr Kind, was Sache ist: Nein heißt ganz eindeutig Nein und bleibt auch Nein. Das bedeutet für Eltern:

- Das Eis bitte nicht kaufen, wenn sie gerade nein gesagt haben mit der Begründung: »Du hattest heute schon ein Eis!«
- Das Würstchen im Kühlschrank lassen, wenn es vor fünf Minuten noch hieß: »Jetzt gibt's nichts!«

Denn geraten Eltern ins Trudeln, steuern sie einen Wackelkurs – heute »nein«, morgen »ja«, übermorgen vielleicht mal »jein« – verliert ein Kleinkind die Orientierung: »Keine Ahnung, was jetzt gerade gilt.«

Andererseits dürfen Eltern nicht zu stur geradeaus blicken. Bestehen sie in jeder Situation eisern auf Konsequenz, besteht die Gefahr, daß sich mancher Konflikt unnötig dramatisiert. Manchmal kann Nachgeben – ausnahmsweise und ausdrücklich begründet – weiser sein als Beharren und Durchstehen.

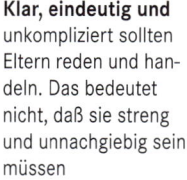

Kleine Nachgiebigkeiten versüßen das Leben

Klar und eindeutig sein, heißt nicht, um jeden Preis stur bleiben und sich jede Nachgiebigkeit verkneifen. Die Ausnahmen von der Regel bringen Farbe ins Dasein, darauf zu verzichten wäre jammerschade, denn nichts ist schöner als »ausnahmsweise«:

- Ausnahmsweise gibt's Sahnetorte direkt vorm Mittagessen.
- Ausnahmsweise wird zusätzlich eine zweite Gute-Nacht-Geschichte gelesen.

Eltern sollten dabei zwei Aspekte beherzigen:
Erstens, daß sie aus freiem Entschluß nachgeben und nicht mit Toben und Schreien von ihrem Kind dazu erpreßt werden.
Zweitens, daß diese »Sonderaktionen« als Ausnahme gekennzeichnet werden, damit das Kind sie einordnen kann.

Natürlich werden im Zusammenleben immer wieder Regeln verändert, neue Verbote ausgesprochen, alte in Frage gestellt – das muß auch so sein. Werden ihm die Gründe erklärt, hält sich das Hin und Her in Grenzen, kommt ein kleines Kind damit zurecht.

Jede Regel begründen, auch schon bei Babys

Erwachsene sollten Regeln, die sie aufstellen, grundsätzlich begründen:
- »Du darfst die Säge nicht aus dem Werkzeugkasten nehmen, weil die Zacken scharf sind und du dich schneiden kannst!«
- »Du darfst die Mehltüte nicht auskippen, weil wir das Mehl noch zum Backen brauchen!«

Viele Regeln sind kein umumstößliches Muß. Manche kann man kippen – aber nur, wenn alle einverstanden sind und wissen: Das ist nicht immer so

Eine zweite Gute-Nacht-Geschichte, weil's Freude macht, aber nicht weil das Kind quengelt

Schauen die Erwachsenen sehr von oben auf sie herab, reagieren auch schon kleine Kinder empfindlich. Sie möchten nicht unbedingt immer für voll, aber doch ernstgenommen werden

Selbst wenn ein Kind, nicht jede Begründung nachvollziehen kann, nimmt es doch schon wahr, daß alle Forderungen ihren Grund haben und nicht einfach willkürlich verfügt werden. Irgendwann wird es die Angaben im Detail verstehen. Trotzdem wird es weiterhin Sägen, Hämmer und Scheren aus Kästen kramen und Mehltüten, Zuckerschälchen und ähnliches ausleeren. Und trotzdem macht das Begründen Sinn: Das Kind fühlt sich respektiert, wenn ihm die Verbote nicht nur verkündet, sondern auch erklärt werden. Das schafft die Bereitschaft, mit der Zeit genauer zuzuhören und sich mit den aufgestellten Regeln auseinanderzusetzen.

Ver- und Gebote begründen, erklären – das ist nicht Kindern, sondern auch Erwachsenen eine Hilfe, denn bei dieser Gelegenheit läßt sich überprüfen, ob ihre Argumente auch wirklich stichhaltig und überzeugend sind.

Wird ein Kind frühzeitig an Regeln gewöhnt, hat es bereits im Vor-Trotzalter gelernt, daß ein Nein bei seinen Eltern wirklich »nein« bedeutet, dann ist nicht jedes »Stop« der Eltern gleich ein Reizwort, das lautstarken Widerspruch verlangt – besonders im »gefährlichen« Alter zwischen anderthalb und drei nicht. Weiß ein Kind aus langer Erfahrung, daß »nein« nicht »ja« heißt, weiß es auch, daß Quengeln nichts nützt – das Nein bleibt ein Nein. Und dann tobt es seinen Trotz auf anderem Terrain aus.

> **HABEN SIE EINE GRENZE GEZOGEN,** diese Grenze mit einem klaren Nein markiert, dann sollten Erwachsene sich von Fußaufstampfen und Protestgebrüll nicht allzu häufig umstimmen lassen, sondern konsequent bei ihrer Meinung bleiben.

Kinder brauchen ein eindeutiges Verhalten der Erwachsenen, auf das Verlaß ist, auf das sie sich einstellen können. Wankelmütigkeit verunsichert sie. Es fehlt ihnen dann der Fixpunkt, die Orientierung

Kompromißbereitschaft lernen

Die Mutter kommt ihr einen Schritt entgegen. Jenny weigert sich, mit zum Bäcker zu kommen. Sie mag den Laden einfach nicht. Also gut, dann nicht zum Bäcker: Jennys Mutter lenkt ein. »Kaufen wir un-

ser Brot heute im Supermarkt!« Auf diesen Kompromiß kann Jenny sich einlassen.

Mit Hilfe eines Kompromisses läßt sich mancher Konflikt umschiffen. Eltern kommt ihre Autorität nicht gleich abhanden, wenn sie sich darauf einlassen. Starre Regeln und stures Beharren fordern Kinder meist zu Trotzreaktionen heraus.

Wird ein Kleinkind von den Erwachsenen von Anfang an als eigenständige Persönlichkeit und als Partner – wenn auch noch nicht als gleichberechtigter – wahrgenommen und respektiert, verzichten Eltern auf Machtspiele, dann fällt es nicht nur im Alltag, sondern auch in Krisensituationen leichter, miteinander zu verhandeln, sich auf Kompromisse einzulassen. Wird der Grundstein für die Kompromißbereitschaft und -fähigkeit frühzeitig gelegt, sind die Eltern hier ein gutes Vorbild, kann ein Kind später darauf zurückgreifen.

Das Kind frühzeitig in Gespräche einbeziehen

Ein ganz wichtiger Punkt: Ein kleines Kind braucht Menschen, die viel mit ihm reden und sich mit ihm auseinandersetzen.

Mütter und Väter sind von Beginn an die Sprachlehrer ihres Kindes. Mit dem »Unterricht« fangen sie gleich nach der Geburt an. Bereits im Babyalter »unterhalten« sie sich intensiv mit Hilfe von Mimik, Gestik und Worten mit ihrem Kind. Damit ist ein wichtiger Grundstein gelegt: Die Familie kommt miteinander ins Gespräch.

Mit großen Ohren hört ein zwei- oder dreijähriges Kind zu, wenn seine Eltern ihm Geschichten erzählen und die Welt erklären. Von Anfang an will es mitreden, als Gesprächspartner ernstgenommen werden. Eltern sollten deshalb einen Großteil der normalen Alltagsbelange mit und vor dem Kind besprechen, sollten ihm frühzeitig die Reglements erklären, die das Familienleben ordnen. Auch wenn sie xmal dasselbe begründen, wenn sie immer wieder geduldig erklären, warum dieses sein muß und jenes nicht sein darf – der Einsatz lohnt: Das Kind ist einbezogen in das Leben der Großen, fühlt sich akzeptiert und weiß, meine Bedürfnisse werden wichtig genommen. Außerdem lernt es allmählich, daß es Für und Wider gibt, und was das ist: argumentieren, sich auseinandersetzen.

Reden Eltern von Anfang an viel mit ihrem Kind, teilen sie sich ihm mit, sprechen sie Konflikte an, dann wird das Gesprächeführen zu einer guten Gewohnheit. Liegen später einmal Spannungen in der Luft, kann man darüber reden

Natürlich verstehen Kleinkinder nicht jede Nuance eines Gesprächs und manche Erklärungen bleiben ihnen ein Rätsel. Macht aber nichts, denn wichtiger ist, daß sie einbezogen und nicht als »viel zu klein« abgehalftert werden

Selbst wenn kleine Leute Gesprächen nicht bis ins Detail folgen können, so lernen sie dabei doch, daß sie – so klein sie auch sind – selbstverständlich in das Alltagsleben einbezogen werden, daß sie ein wesentlicher Teil des Familiengebildes sind: ein wichtiger Pfeiler. »Das verstehst du sowieso noch nicht!« – wird ein Kind im Gespräch dagegen zum kleinen unwissenden Wuzel degradiert, fühlt es sich der Allmacht der Großen in Konfliktsituationen besonders hilflos ausgeliefert und sieht wenig Chancen, gegen die Riesen anzukommen. Die Folge: Der Frust ist doppelt groß.

Geduldiges Zuhören üben und sich nicht gleich einmischen

Jedes Kleinkind freut sich über seine neuen sprachlichen Fähigkeiten. Die richtigen Wörter suchen und finden, sich ausdrücken, sich unterhalten können – und sei es noch so unvollkommen – macht gute Laune und stolz. Vor allem wenn man von den Eltern gelobt wird.

»Der Hund … hat geschlafen« Meist dauert es seine Zeit, bis ein Sprach-Anfänger die richtigen Wörter gefunden und zu Satzfetzen zusammengefügt hat, um das zu sagen, was er sagen möchte. Ein anstrengendes Unternehmen, häufig genug mangelt es noch an den richtigen Ausdrücken. Um so wichtiger, daß Eltern
- Zeit und Geduld aufbringen, um ihrem Kind zuzuhören,
- nicht gleich unterbrechen, das Gespräch an sich reißen oder übereifrig die richtigen Wörter vorsagen, wenn der Sohn oder die Tochter beim Sprechen Pausen einlegt und nachdenken will,
- nur behutsam und nicht ungefragt weiterhelfen.

EIN GESPRÄCH FÜHREN – eine Kunst, die früh geübt sein will. Werden Kinder als Gesprächspartner von den Erwachsenen respektiert, lernen sie bereits als Zwei- und Dreijährige, daß ihre Meinung zählt. Dieser Erfahrung fördert Selbstbewußtsein. Selbstbewußten Kindern macht es weniger Angst, von ihren Eltern ein Stück abzurücken und sie gehen die erste Ablösungsphase – das Trotzalter – beherzter an.

Brennpunkte entschärfen

Wer ein paar Grundregeln im Umgang mit einem Trotzkind beherzigt, hat Chancen, etwas leichter durch die Trotzjahre zu kommen: auf sanftere Art und Weise.

Vorausdenken und planen

Eine Devise heißt, neuralgischen Situationen möglichst aus dem Weg gehen. Mit etwas Überlegung läßt sich da einiges tun, zum Beispiel

- wenn das Kind Angst vor dem Friseur hat: Es mal zum Zuschauen mitnehmen; zu Hause Friseur spielen,
- wenn das Kind im Supermarkt am Regal mit den Bonbons nicht ohne ein »Haben!« vorbeikommt: Mit ihm vor dem Einkaufen klipp und klar verabreden, daß es im Supermarkt nichts gibt, aber hinterher zu Hause ein Eis,

Kleine Kinder brauchen noch Unterstützung, wenn sie mitreden sollen, und geduldige Eltern, die sich ausreichend Zeit nehmen, um ihnen in aller Ruhe zuzuhören

- wenn das Kind zum Trödeln neigt: Nie auf die letzte Minute starten und plötzlich zum Abmarsch blasen, sondern immer eine Trödelphase einplanen, damit sich alle auf den Aufbruch einstellen können und keiner unter Druck gerät, sonst zieht sich der Aufbruch hin,
- wenn Aufräumen ein häufiger Streitpunkt ist: Das Kinderzimmer nicht überfallartig aufräumen oder in Abwesenheit des Kindes, sondern die Aktion ankündigen und das Kind einbeziehen.

WIRD EIN KIND ERNSTGENOMMEN, fühlt es sich der Allmacht der Erwachsenen weniger unterlegen, weniger zwergenmäßig klein. Die Großen erscheinen ihm nicht mehr ganz so riesengroß und mächtig. Die Folge: Es kann Konflikte und auch gelegentliche Niederlagen besser wegstecken. Reden Eltern und Kind über alles und jedes miteinander, sind sie frühzeitig daran gewöhnt, sich auseinanderzusetzen, überstehen sie Streßphasen besser.

Entscheidungsnot vorbeugen

Gehen Große allzu flott über seine Meinung hinweg, fühlt sich ein Kind schnell übertölpelt. Wer ihm eine Entscheidung abnehmen will, muß behutsam vorgehen

Die Entscheidung vorwegnehmen. Die Großmutter ist zu Besuch. Am Nachmittag fragt sie die zweijährige Sabine: »Soll ich Schokoladenpudding kochen oder lieber rote Grütze?« Welche Frage – Schokoladenpudding oder rote Grütze – wie soll man das bloß entscheiden: Beides ist toll. Bevor Sabine in Not gerät, übernimmt ihre Mutter das Zepter: »Mach rote Grütze! Wir haben kein Schokoladenpuddingpulver mehr.«

Einen Ausweg zeigen. Nina kann sich nicht entscheiden: karierter oder blauer Rock. Die Mutter reicht ihr eine Hose: »Wir wollen nachher doch zum Turnen!«

Damit sich das Kind, das in der Entscheidungsfalle sitzt und den Ausgang nicht findet, in seiner Not nicht in einen Trotzanfall hineinsteigert, hilft die Mutter ihm aus der Sackgasse, indem sie rasch klar macht, daß keine Entscheidung mehr nötig ist.

Störungen frühzeitig ankündigen

Werden Pläne und Unternehmungen frühzeitig angekündigt, reißt man ein Kind nicht mitten aus seinem Spiel, sondern gibt ihm Zeit, sich daran zu gewöhnen, daß bald Schluß ist, dann fällt der Unwille meist weniger harsch aus.

Immer diese Drängelei. Hansi baut, ganz versunken in sein Spiel, einen Bauernhof aus Holzklötzchen. Sein Vater schaut ihm ein Momentchen beim Bauen zu und sagt: »Mach demnächst mal Schluß. Du weißt, später geht's in die Badewanne!«

Hansi baut ungerührt weiter – ein bißchen schneller als vorher. Auch wenn ihn die Badewanne im Augenblick kein bißchen interessiert und er nur vage Vorstellungen von »demnächst« und »später« hat, kann sich der Junge doch schon langsam in Gedanken auf das Spielende vorbereiten. Es kommt dann nicht so überraschend und er fühlt sich weniger gestört, wenn sein Vater erneut in der Tür auftaucht: »Nun komm mal langsam!«

Gestehen Eltern ihrem Kind ausreichend Spielraum zu, fördern sie seine Selbständigkeit und ermöglichen ihm frühzeitig eigene Erfahrungen und Erfolge. Zeigen sie Vertrauen in sein Können, freuen sie sich, wenn es aktiv und ideenreich ist und versucht, zum Kern der Dinge zu kommen, dann vergrößern sie seine Chance, auch später eigenständig und unabhängig zu werden.

Schränken sie dagegen die Freiheit ihres Kindes dauernd ein, halten sie nichts von seinen Vorstellungen und Plänen, dann hindern sie es daran, selbständig zu werden. Aufgeweckte Geister zetteln dann gerne eine Revolte nach der anderen an, um sich ein Stückchen mehr Freiraum zu verschaffen.

Nicht mitten ins Spiel platzen und es mit einem »Schluß jetzt!« beenden, sondern vorwarnen: »Wenn's dunkel wird, gibt's Abendbrot!«

IV. Was hilft gegen Trotz?

Trotz läßt sich nicht unterbinden oder mit Hilfe von ein paar Tricks in den Griff bekommen. Patentrezepte greifen nicht. Übrig bleiben Anregungen und Ideen, wie sich gegensteuern läßt, um das schlimmste Geplärr zu bremsen und die übelsten Zornesausbrüche zu entschärfen

Gelassen bleiben –
wenn das so einfach wäre

Je besser es Eltern gelingt gegenzusteuern, desto eher legen sich die Turbulenzen oder sie fallen zumindest weniger heftig aus. Spitzen sich die Konflikte dagegen zu, geraten Eltern und Kind in einen Teufelskreis aus Streitereien, in einen Dauerclinch, der sich langsam aufschaukelt. Wie aber kann man Zornesausbrüche abmildern?

Das Geschrei aushalten

Bitte nicht voll in die Auseinandersetzungen einsteigen, die Atmosphäre zusätzlich aufheizen durch kleine abschätzige Gesten wie

- Ohren zuhalten,
- die Augen genervt gen Himmel aufschlagen,
- mit den Fingern auf den Tisch trommeln.

Oder durch bissige Kommentare wie:

- »Das ist ja nicht zum Aushalten!«
- »Du plärrst die ganze Nachbarschaft zusammen!«

Einem zornentbrannten Kind sollte man keinen Zündstoff für neue Explosionen liefern.

Besser: Möglichst gelassen und sachlich bleiben, sich nicht anstecken lassen von der Erregung. Erwachsene tun gut daran, dem Trotz nicht zu viel Gewicht beizumessen: »Auch das Trotzalter wird vorübergehen und damit werden sich auch diese extremen Gefühlsausbrüche geben.« Das Gebrüll einfach aushalten. Nicht dramatisieren, sondern herunterspielen. (Selbst wenn ein Zweijähriges spuckt und tritt geht die Welt nicht gleich unter und die ganze Erziehung den Bach hinunter!) Ganz ruhig und bestimmt, ohne sichtbare Emotionen eine Grenze markieren.

Wohl dem, der gelassen bleiben kann und sich nicht gleich aus der Fassung bringen läßt, wenn ein kleiner Steppke mit dem Kopf durch die Wand will und ein Riesentheater inszeniert

Einen Schlußstrich ziehen

Wer einen guten Tag und innere Balance hat, schafft es vielleicht, ruhig und gelassen zu bleiben, wenn ein Zweijähriger in Höchstform trotzt, tobt, brüllt und sich nicht wieder einkriegen mag. Manchmal hilft das: Die Wut kann sich nicht hochschaukeln, verpufft nach einer Weile und die Aufregung legt sich.

OB ES GELINGT, einem Kind knapp und klar zu vermitteln, ich lasse mir von dir nicht auf der Nase herumtanzen, ist auch Sache der Ausstrahlung. Wer überzeugend wirkt, glaubwürdig erscheint und sicher, hat ganz gute Chancen, dem Ausbruch ein Ende zu setzen: Das Trotzkind erkennt, daß es eine Grenze erreicht hat.

Tut ein Kind, was es nicht tun soll, eine klare Grenze ziehen, kurz erklären, warum diese Grenze sein muß, und dann das Thema wechseln. Klappt aber nur, wenn das Kind noch ansprechbar ist

Peters Mutters zieht eine Grenze. Der Zweieinhalbjährige klettert auf dem Schoß seiner Mutter herum. Er stellt sich hin. Entdeckt die Kette um ihren Hals. Sucht den Verschluß. Spielt mit den Perlen. Jetzt reicht es Peters Mutter: »Die Kette reißt, wenn du daran spielst, das weißt du doch!« Peter läßt nicht locker, untersucht die Kette noch einmal. Beißt auf die Perlen. Entschlossen schnappt sie sich daraufhin das Kerlchen und setzt es nachdrücklich auf den Boden – so nachdrücklich, daß Peter verdutzt guckt.

Natürlich ist eine Kette ein spannendes Ding, aber eben als Spielzeug ungeeignet. Deshalb stoppt Peters Mutter das Spiel. Weil sie nachdrücklich mit ihm spricht, klar sagt, warum sie das Spiel mit der Kette nicht länger gestattet, und eine Grenze zieht, nämlich ihn auf den Boden setzt, weiß ihr Sohn Bescheid: Nichts da mit Kettespielen. Er kann sich damit abfinden.

Oft reicht schon ein knapper Hinweis, »Nein, das kannst du nicht machen!«, um ein Trotzkind zu bremsen. Spürt ein

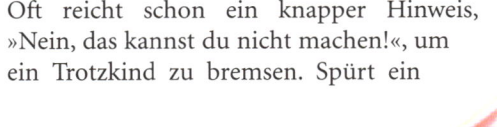

Wüterich, daß es dem Erwachsenen ernst ist, weil er nicht erst lange überlegen muß und von Kopf bis Fuß – durch Körperhaltung, Gestik, Mimik – signalisiert: Hier ist Schluß, dann kann er loslassen und sich wieder beruhigen – aber natürlich nicht immer.

Erwachsene sollten sich bewußt machen und bei allem, was sie tun, Rücksicht darauf nehmen, daß ein Trotzkopf, selbst wenn er noch so auf den Putz haut, immer von widerstreitenden Gefühlen gebeutelt und in der schwächeren Position ist.

Bisweilen hilft nur Flucht

Setzen sich Mutter oder Vater und Trotzkind in der Öffentlichkeit unter den Augen selbsternannter Miterzieher auseinander, die sich mit ihren Kommentaren nicht zurückhalten, dann ist das immer noch die beste Lösung – so unvollkommen sie auch sein mag: Das Kind einfach hochnehmen und im Galopp davontragen.

Wer sanft bleibt, kann extra provozierend wirken

Sich nicht provozieren lassen, locker und ruhig bleiben – alles leichter gesagt als getan. Es fällt vielen ungeheuer schwer, sich bei einem Trotzanfall in Gelassenheit zu üben. Auch bei bestem Willen ist es bisweilen unmöglich, still die eigenen Kreise zu ziehen und sich nicht anstecken, nicht zum Mitzürnen verführen zu lassen (siehe Seite 38).

Vielleicht sollten Erwachsene auch gar nicht jedem Trotzausbruch sachlich, mit klarem Kopf und sanfter Seele begegnen, denn die ruhigen, friedfertigen, beherrschten Erwachsenen können ein tobendes Kleinkind zuweilen gerade herausfordern. Sanfte Gelassenheit und klare Sachlichkeit provozieren ein wildgewordenes Rumpelstilzchen oft zu besonders wüsten Tänzen, um die ach so vernünftigen Großen aus der Reserve zu locken.

Manchmal ist einem trotzenden Kind also wesentlich mehr geholfen, wenn ihm seine Eltern Paroli bieten, den Zoff nicht sachte auffangen, sondern den kleinen Wüstling schärfer in seine Schranken weisen. Oft tut es einem Kind gut zu merken: Die Großen kämpfen mit den gleichen Gefühlen wie ich. Das hilft schon ein bißchen. Man fühlt sich weniger unterlegen.

Sachlich bleiben oder emotional reagieren – was der eine kann, das ist dem anderen noch lange nicht möglich. Was ist richtig, was falsch? Es kommt auf die jeweilige Situation an und auf das betroffene Kind

Jeder muß hier seinen eigenen Weg finden und das fällt meist schwer. Was heute ein Trotzkind beruhigt, führt morgen bei einem anderen noch lange nicht zur Entspannung. Eine Hilfe: Sich klar werden über das eigene Handeln, sich möglichst nicht kopfüber und blindlings in eine Auseinandersetzung stürzen, nicht nur spontan reagieren, sondern auch ein Momentchen lang überlegen.

Bitte nicht gleich los- poltern, wenn ein Kind sich querlegt, sondern erst einmal tief durchatmen und nachdenken: »Was tue ich jetzt am besten?«

Die Ohren auf Durchzug stellen

Erfahrene Mütter lenken nicht ihr Kind ab, wenn es kreischt und tobt, sondern konzentrieren sich vor allem auf sich selbst: »Wie schaffe ich's, der Wut zu widerstehen? Ich will mich nicht anstecken lassen.«

- Sie stellen ihre Ohren auf Durchzug. Wenn der Wüterich »blöde Mami« krakeelt, steigen sie nicht mit einem »Wieso bin ich blöd?« ein, sondern hören mit Fleiß nicht hin.
- Sie denken konzentriert an etwas anderes, stellen sich in Gedanken ein Bild vor, eine Frühlingswiese, über sie sie laufen, oder malen sich einen Spaziergang am Strand aus.
- Sie zählen bis zehn, erst vorwärts, dann rückwärts.
- Sie gehen vor die Haustür, schließen die Tür hinter sich, atmen einmal tief durch, tanken kurz und kräftig frische Luft und neue Kraft und erscheinen erst danach wieder auf der Bildfläche.
- Sie bleiben im Zimmer, kehren aber dem Wüterich den Rücken zu. Sie beschäftigen sich mit anderem (Wäsche sortieren, Küche aufräumen). Ändert sich die Tonlage des Geschreis, wird aus der Wut Wehklagen, wenden sie sich ihrem Kind wieder zu und signalisieren: »Ich möchte dich in die Arme nehmen und trösten!«
- Sie singen aus Leibeskräften und lassen so Dampf ab.
- Sie legen sich auf den Boden und versuchen, sich von Kopf bis Fuß zu entspannen.
- Sie trommeln mit den Fäusten auf den Tisch.

Was können Eltern noch tun?

Manches Trotzkind beruhigt sich schneller,
- wenn Mutter oder Vater in der Nähe sind, ohne sich aufzudrängen.
- wenn sie nicht viel sagen, nicht viel tun, ihrem Kind gleichzeitig aber das Gefühl vermitteln: »Wir verstehen, warum du so verzweifelt bist!«
- wenn sie ihm keine Vorwürfe machen.

Ist der Anfall vorbei, lassen sich die meisten Kinder wieder gerne trösten und in den Arm nehmen.

Für Ablenkung sorgen

Gepeinigte Eltern, die in Streßzeiten Phantasie entwickeln, Strategien verwirklichen können, die Ablenkungsmanöver parat haben und diese Alternativen souverän anbieten können, sind in der Trotzphase im Vorteil. Sie können neue Ziele vorgeben. Alles, was den Blick in eine andere Richtung lenkt, ist jetzt gefragt.

Nicht immer, aber manchmal läßt sich ein Wutkind mit Hilfe von Spielen besänftigen:

- Rike gerät in der Küche aus dem Häuschen, weil sie kein Gemüse schneiden darf. Statt dessen darf sie mit den Sachen aus dem Einkaufskorb einen Kaufladen aufbauen. Rike läßt sich überzeugen: »Na gut!«

Sanfte Ablenkungs- manöver wirken vor allem bei kleinen Kindern, die noch nicht gleich spitz bekommen, daß sie überlistet werden

- Christian will unbedingt sämtliche Unterschränke in der Küche ausräumen. Er läßt sich mit dem Vorschlag ablenken, zwei große Topfdeckel zusammenzuschlagen und wunderbare Geräusche zu machen.
- Tim kann sich nicht entscheiden, ob er heute Socken oder Kniestrümpfe anziehen will. Er läßt er sich von seiner Mutter aus der Klemme locken, die Musik im Radio angedreht hat, zu tanzen beginnt und sagt: »Tanz doch mit!«
- Charly bekommt einen Rappel, weil der Kakao in seinem Becher keine Milch ist. Er läßt sich durch ein Urlaubsfoto aus dem vergangenen Jahr ablenken, das ihm sein Vater zeigt: »Im letzten Jahr hattest du noch lange Haare!«
- Nico haut im Badezimmer auf den Putz, als ihm die Fingernägel geschnitten werden sollen. Er vergißt die Wut, als seine Mutter mit Lippenstift ein Herz auf den Spiegel malt und mit Schwung Nico hineinschreibt.
- Isabel mag heute keinen Anorak anziehen. Ihre Mutter klemmt den Anorak unter den Arm, schließt die Haustür und klingelt auf dem Weg nach draußen bei der Nachbarin, um »Guten Tag« zu sagen. Nach der Unterbrechung wehrt sich Isabel nicht länger gegen den Anorak, er wird ohne Murren angezogen.
- Tobi ist stinksauer, weil sein Bauklotzgemäuer nicht halten will und der Vater sowieso an allem schuld ist. Er läßt sich zum Spaß auf einen Ringkampf mit dem Vater ein und vergißt das zusammengekrachte Gebilde.
- Heidi gerät in Verzweiflung, weil ihrem Hasen Moppel die Puppenschuhe nicht passen wollen. Ihre Mutter bietet Heidi an, stattdessen in der Badewanne zu spielen: »Ich bring dir Eimer und Förmchen, dann kannst du rumplanschen!« Dieses Spiel hat's noch nie gegeben. Heidi läßt sich überreden.

Erfahrene Mütter kennen die besten Ablenkungstricks – von ihnen läßt sich einiges lernen

HUMOR UND GEDULD – zwei besonders brauchbare Mittel gegen den Trotz. Gelingt es Eltern in Krisensituationen häufiger geduldig und heiter zu bleiben und dazu noch gelassen, dann haben sie gewonnen. Geballtem Charme und Witz können auch wilde Rabauken nicht ewig widerstehen.

Sind die Erwachsenen nur mit halbem Herzen dabei, spielen nur lustlos mit, durchschaut schon ein Zweijähriger den Bluff und läßt sich von seinem Kummer noch lange nicht ablenken. Lassen sie sich dagegen hundertprozentig auf ein Spiel ein, klappt das Ablenkungsmanöver schon eher.

Oft ein Segen: Fünfe gerade sein lassen

Das Telefon klingelt, der Hund bellt, die Milch kocht gleich über – wer Kinder hat, kennt diese Situation. In solchen Momenten haben Mütter und Väter keine Zeit und keine Kraft, lange zu überlegen, wenn die Zweijährige mit Gebrüll ein Eis aus dem Tiefkühlfach ertrotzt (obwohl das Abendessen schon auf dem Tisch steht). In der Hektik heißt es dann: »Von mir aus! Nimm's dir!« Manchmal besteht einfach akuter Handlungsbedarf, das Problem muß schnell vom Tisch. Jetzt ist einfach nicht die Zeit für Auseinandersetzungen.

Stürzen sich Erwachsene blindlings in eine Auseinandersetzung mit dem Kleinkind, müssen sie oft feststellen, daß sich das, was sie fordern, jetzt nicht verwirklichen läßt. Ein Mittel gegen Machtkämpfe: Keine unrealistischen Erwartungen haben!

Suses Mutter ist unsicher: Nachgeben oder gegenhalten? Die dreijährige Suse steht mit Puppe auf dem Arm in der Küchentür. Ihre Mutter soll der Puppe eine Schleife ins Haar binden. Auch das noch! Dabei hat sie alles andere zu tun als Schleife binden und die Puppe anhübschen. Noch eine Viertelstunde, dann steht Besuch vor der Tür. Bis dahin muß sie Gemüse schnippeln, den Tisch decken und sich umziehen. Was nun: Suse klarmachen, daß jetzt keine Puppenspielzeit ist, weil anderes Vorrang hat? Sich trotz aller Hektik auf eine Diskussion mit ihr einlassen? Oder schnell schnell die Schleife binden, damit das Thema erledigt ist und sich Suse wieder trollt? Ihre Kraft und ihre Zeit braucht Suses Mutter im Augenblick jedoch für anderes dringender. Sie erspart sich den Extrastreß und bindet der Puppe fix eine Schleife ins Haar. Nachgeben ist manchmal Balsam für gepeinigte Elternseelen (siehe Seite 42).

Eltern sollten genau überlegen, wann sie ihr Kind stoppen, ob sie mit einem »Nein« eine Bitte oder Anordnung durchsetzen können und wann sie keine Zeit dazu haben. Eine Mutter, die aufgelöst und hektisch in der Küche herumfuhrwerkt, weil sie in Eile ist, hat bestimmt keine Möglichkeit, ihrer Tochter in diesem Moment klarzumachen,

daß die Puppe warten muß. Das würde auf eine Auseinandersetzung hinauslaufen. Auseinandersetzungen kosten Kraft und Zeit.

Die Kunst zu verzeihen

Das Gewitter ist vergangen, die Wut verraucht. Jetzt ist das Trotzkind sanft wie ein Lämmchen, kann Nähe meist wieder zulassen, möchte fest in die Arme genommen werden und von seinen Eltern hören, daß sie ihm nichts nachtragen und es sehr lieb haben, auch wenn es manchmal nicht so will wie sie. Es ist erschöpft von seinem Ausbruch und braucht jetzt die Gewißheit, zu Hause bin ich gut aufgehoben und sicher.

Ruhe nach dem Sturm.
Jetzt ist alles wieder gut – tiefer Frieden zwischen Groß und Klein

Register

Alle lieferbaren Eltern-Ratgeber aus dem Mosaik Verlag auf einen Blick:

In den neuen Ratgebern von Mosaik finden alle Eltern fundierte Hinweise und aktuelle Informationen zu Themen, die für das Leben mit Kindern wichtig sind. Die Autoren sind auf ihrem jeweiligen Gebiet fachlich ausgebildet und erfahren.

Tina Kuckelmann
Körperpflege für Babys und Kleinkinder
ISBN 3-576-11024-0
So werden Baden, Zähneputzen - und sogar Haarewaschen - für Babys und Kleinkinder zum Vergnügen! Alles über Babys gesunde Körperpflege.

Rita Lanz
Hebammen-Rat für Schwangere
ISBN 3-576-11025-9
Die besten Übungen und Tips. Richtige Atmung, gute Haltung, tiefe Entspannung. Die ideale Vorbereitung auf eine sanfte Geburt.

Peter Walker
Babymassage
ISBN 3-576-11163-8
Körperkontakt ist wichtig für die gesunde Entwicklung von Kindern. So können Eltern erkennen, wo es ihrem Baby wehtut und was ihm gut gefällt.

Andy Fumolo
Schlank und fit nach der Schwangerschaft
ISBN 3-576-11079-7
Nach 9 Monaten endlich wieder so richtig schlank werden. Täglich 15 Minuten sanfte Gymnastik für einen flachen Bauch und eine schöne Figur.

Jeder Band hat 96 Seiten und ist durchgehend farbig illustriert.

Doro Kammerer
Guter Rat für Zwillings-Eltern
ISBN 3-576-10685-5
Tips zur Vermeidung von Doppelstreß bei Zwillingen. Von der Schwangerschaft und Geburt bis zum Schulalter.

Vivian Weigert
Schlaf, Baby, schlaf
ISBN 3-576-11023-2
Praktische Tips zum besseren Einschlafen und Durchschlafen. Hilfe und Rat bei Schlafstörungen. Endlich können genervte Eltern aufatmen.

Cornelia Nitsch
Trotzphase? - Nerven behalten
ISBN 3-576-11097-6
Mit der Wut der Kleinen besser umgehen, den Trotz gemeinsam mit dem Kind bewältigen und Streit auf positive Art entschärfen.

Vivian Weigert
Stillen - Die schönste Zeit mit dem Baby
ISBN 3-576-11098-4
Kompetenter Rat für stillende Mütter vom ersten Anlegen bis zum Abstillen. Mehr Sicherheit und Freude an der intensiven Phase mit dem Kind.

Mosaik

Erhältlich überall dort, wo es Bücher gibt.